Ulrike Skadow

Take Five

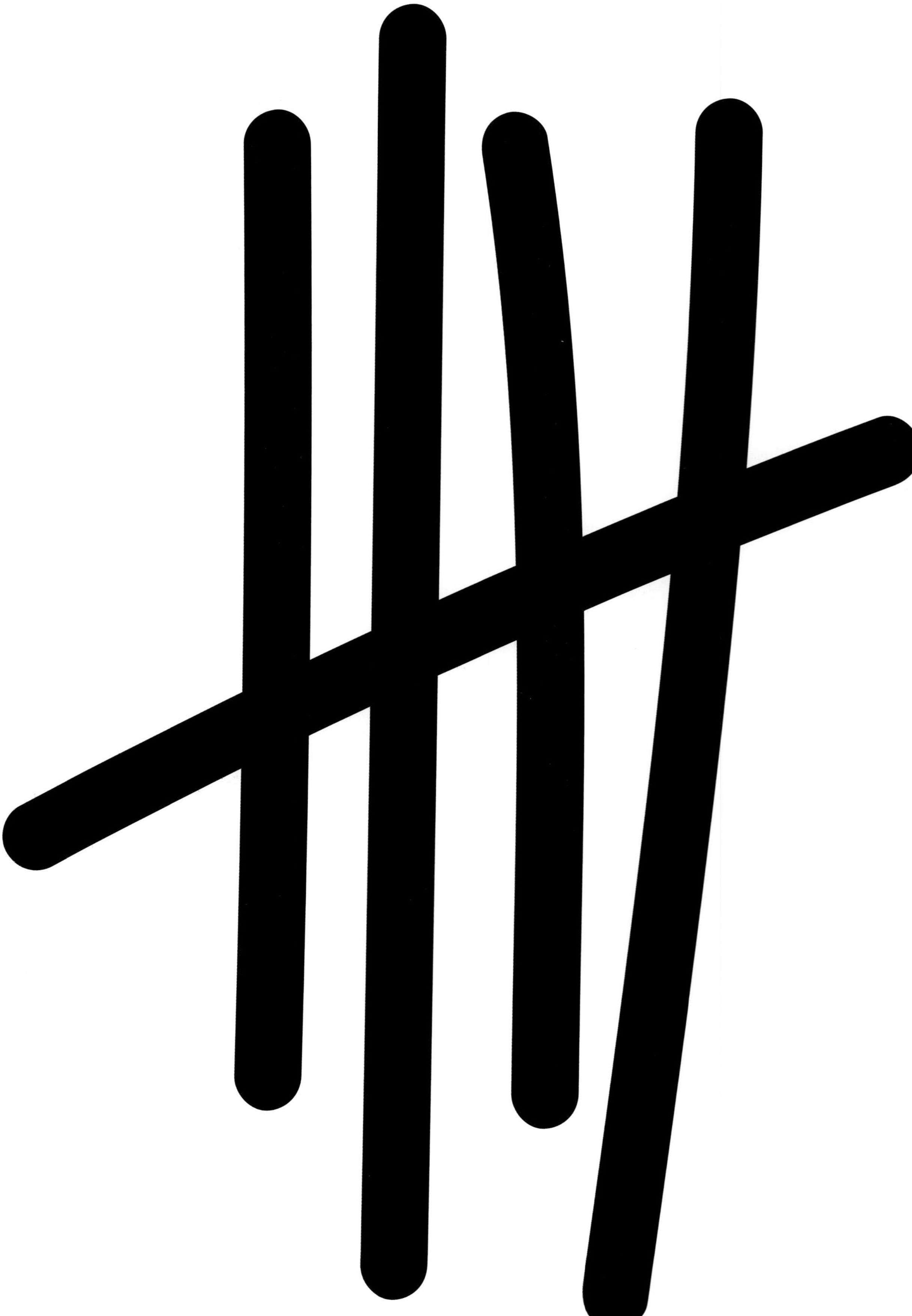

Take Five

Fabelhaft kochen mit nur 5 Zutaten – von superschnell bis extrafein

Autorin: Ulrike Skadow
Fotograf: Nicolas Leser

Inhalt

6 5x5 Vorräte
8 Klein und raffiniert
48 Klassisch und herzhaft
98 Vegetarisch und vegan
136 Gäste und Feste
180 Süßes und Sündiges
218 5 Menüs
230 5 Basics

234 Register
240 Impressum

Vorwort

Was funktioniert perfekt mit nur fünf Zutaten? Erstaunlicherweise sehr viele Rezepte! Sie brauchen keine ellenlange Einkaufsliste. Take five! Egal ob Sie schnell, gesund oder genussvoll und raffiniert kochen möchten. Dieses Buch bietet Ihnen 100 Rezepte für jede Gelegenheit: schnelle Jeden-Tag-Gerichte und Raffiniertes für die Schlemmer-Küche am Wochenende, Feines für vegetarischen und veganen Genuss, Salate, Dips und Suppen für kleine und große Anlässe. Und zum Schluss Süßes und Sündiges – natürlich auch mit nur einer Handvoll Zutaten!
Ich wünsche Ihnen guten Appetit und viel Spaß beim Zaubern.

Ihre Ulrike Skadow

5 × 5

Vorräte

Die Top 25 im Vorrat

Um sich das Kochen zu erleichtern, sollten Sie bestimmte Zutaten immer griffbereit haben. Die folgenden Listen sind ganz auf die Rezepte dieses Buches abgestimmt. Ergänzen Sie sie nach Lust und Laune mit Ihren Lieblingszutaten!

Gewürze

1 Salz
2 Pfeffer
3 Curry
4 Lorbeer
5 Kreuzkümmel

INFO Salz und Pfeffer sollten in jeder Küche vorrätig sein, der Pfeffer dabei immer frisch gemahlen aus der Mühle. Achten Sie darauf, Gewürze lichtgeschützt aufzubewahren und kaufen Sie am besten nur kleinere Mengen – die Aromen lassen schnell nach. Für besonders intensiven Geschmack ganze Gewürzkörner oder Samen in den Vorrat stellen und erst kurz vor der Verwendung mahlen oder mörsern.

Gemüse

1 Knoblauch
2 Zwiebeln
3 Ingwer
4 Möhren
5 Kartoffeln

INFO Zwiebeln und Knoblauch am besten trocken und kühl in einem luftdurchlässigen Behälter mit Deckel aufbewahren. Frische Ingwerknollen und Möhren sind im Gemüsefach des Kühlschranks am besten aufgehoben. Kartoffeln ebenfalls kühl (aber nicht im Kühlschrank) und lichtgeschützt lagern, damit sie nicht keimen oder grün und damit giftig werden.

Dosen und Flaschen

1 Öl
2 Essig
3 Dosentomaten
4 Kokosmilch
5 Sojasauce

INFO Vorräte in Dosen und Flaschen möglichst kühl aufbewahren (nicht direkt neben Heizung oder Herd). Für kalte Speisen ein hochwertiges, kalt gepresstes Öl, z. B. Olivenöl »extra vergine«, nehmen, zum Anbraten ein einfaches Öl, das hoch erhitzt werden kann. Dosentomaten sind rund ums Jahr eine gute Basis für Saucen und Ragouts – außer im Sommer, wenn frische, aromatische Tomaten Saison haben. Bei Kokosmilch am besten die ungesüßte Version ohne Konservierungsstoffe wählen. Sojasauce gibt es in verschiedenen Varianten. Bevorzugen Sie Saucen auf reiner Soja- bzw. Getreidebasis – ohne weitere Zusatzstoffe (s. Etikett).

Trockenvorräte

1 Nudeln
2 Reis
3 Linsen
4 Quinoa
5 Couscous

INFO Sie bilden oft die Grundlage von schnellen Gerichten, vor allem die Nudeln. Im Handumdrehen können Sie mit italienischer Pasta ein Mittagessen auf den Tisch zaubern. Angebrochene Päckchen wieder gut verschließen, Reis, Linsen, Quinoa und Couscous am besten in Schraubgläsern aufbewahren – so sind sie sehr lange haltbar.

Aus dem Kühlschrank

1 Eier
2 Butter
3 Sahne
4 Parmesan
5 Senf

INFO Nur sehr frische Eier roh verwenden. Eier nach dem Mindesthaltbarkeitsdatum immer komplett erhitzen. Butter und Sahne (oder Crème fraîche) dagegen sind meistens auch nach dem Mindesthaltbarkeitsdatum noch voll verwendbar. Einfach probieren! Parmesan am Stück kaufen und frisch reiben – das hebt die Qualität und ist meistens sogar preiswerter. Senf nur mit einem sauberen Löffel aus dem Glas nehmen, dann lässt er sich lange verwenden.

Klein und raffiniert

10 Linsensalat
12 Mediterraner Tomaten-Bohnen-Salat
14 Hummus
16 Auberginen-kaviar
18 Marinierte Paprika
20 Chicorée mit Roquefort
22 Pilz-Carpaccio
24 Algen-Tatar
26 Ziegenkäse-Crostini
28 Tapenade
30 Stockfisch-Püree
32 Makrelen-Rillettes
34 Kalte Joghurt-Suppe mit Gurke
36 Radieschen-blätter-Suppe
38 Pilz-Omelett
40 Gefüllte Eier
42 Spinat-Eier-Kuchen
44 Rührei mit Käse
46 Ceviche

Linsensalat

Puy-Linsen 250 g
Schalotten 2
geräucherte Makrele 250 g
Aceto balsamico 2 EL
Dill 1 Bund

\+ Salz, Pfeffer, 3 EL Öl

Für 4 Personen
Zubereitungszeit: 20 Min.
Garzeit: 20 Min.
Kühlzeit: 6 Std.
Pro Portion: ca. 375 kcal, 24 g E, 15 g F, 38 g KH

Die Linsen in einem Sieb abwaschen, in einen Topf geben und mit doppelter Menge Wasser bedecken. Das Wasser zum Kochen bringen, die Linsen zugedeckt bei kleiner Hitze 15–20 Min. garen, sie sollen noch etwas Biss haben. Dann die Linsen in ein Sieb abgießen und lauwarm abkühlen lassen.

Die Schalotten schälen und fein hacken. Die Makrele von Haut und Gräten befreien und die Fischfilets zerpflücken.

In einer Schüssel den Essig mit Salz und Pfeffer verrühren, dann das Öl unterrühren. Linsen, Schalotten und Makrelenfleisch hinzufügen und gut mischen. Den Linsensalat zugedeckt mindestens 6 Std. (oder am besten über Nacht) im Kühlschrank durchziehen lassen.

Vor dem Servieren den Salat nochmals abschmecken. Den Dill waschen und trocken schütteln. Die Dillspitzen fein hacken und bis auf einen kleinen Rest untermischen. Den Linsensalat mit dem übrigen Dill bestreut servieren.

INFO **Die französischen Puy-Linsen sind mit ihrem zart nussigen Geschmack und ihrer festen Konsistenz perfekt für Salate geeignet.**

Mediterraner Tomaten-Bohnen-Salat

weiße Bohnen getrocknet, 300 g
Tomaten vollreif, 4
Frühlingszwiebeln 4
Olivenöl extra vergine, 6 EL
Basilikum 1 Bund

+ Salz, Pfeffer

Für 4 Personen
Zubereitungszeit: 20 Min.
Quellzeit: 12 Std.
Garzeit: 45 Min.
Kühlzeit: 4 Std.
Pro Portion: ca. 390 kcal, 22 g E, 17 g F, 37 g KH

Die Bohnen mit reichlich kaltem Wasser bedecken und ca. 12 Std. (oder am besten über Nacht) quellen lassen.

Die Bohnen abgießen, mit frischem Wasser bedecken und 40–45 Min. bei kleiner Hitze garen, sie sollen noch etwas Biss haben. Dann die Bohnen abgießen.

Die Tomaten überbrühen, häuten und entkernen. Die Tomaten ohne die Stielansätze in Würfel schneiden. Die Frühlingszwiebeln putzen, waschen und mit dem Grün in feine Ringe schneiden.

Bohnen, Tomaten und Frühlingszwiebeln in eine Schüssel geben, mit Salz und Pfeffer würzen und mit dem Olivenöl begießen. Das Basilikum waschen und trocken schütteln. Die Blättchen fein schneiden und untermischen.

Den Tomaten-Bohnen-Salat zugedeckt mindestens 4 Std. kühl stellen und vor dem Servieren nochmals abschmecken.

RAFFINIERTER **Greifen Sie zu, wenn Sie im Frühsommer frische Bohnen auf dem Markt entdecken – sie sind zarter und geschmacksintensiver! Die frischen Bohnen für den Salat aus den Schoten palen und in doppelter Menge Wasser ca. 30 Min. bei kleiner Hitze garen. Statt Basilikum können Sie auch 6 Zweige frischen Thymian verwenden.**

Hummus

Kichererbsen aus der Dose, 300 g
Knoblauchzehe 1
Zitrone 1
Sesampaste (Tahin) 2 EL
Kreuzkümmel gemahlen, 1 TL

\+ Salz, 1 EL Olivenöl

Für 4 Personen
Zubereitungszeit: 10 Min.
Kühlzeit: 1 Std.
Pro Portion: ca. 135 kcal, 4 g E, 9 g F, 9 g KH

Die Kichererbsen in ein Sieb geben, mit kaltem Wasser abbrausen und abtropfen lassen. Den Knoblauch schälen und grob hacken. Die Zitrone auspressen.

Kichererbsen, Knoblauch, Sesampaste, Kreuzkümmel, etwas Salz, 3 EL Wasser und die Hälfte des Zitronensaftes im Standmixer oder in einem hohen Rührbecher mit dem Pürierstab zu einer homogenen Paste pürieren. Die Mischung abschmecken. Falls nötig, etwas mehr Zitronensaft und/oder Wasser dazugeben und alles nochmals kurz pürieren.

Hummus mindestens 1 Std. im Kühlschrank ruhen lassen. Vor dem Servieren mit dem Öl beträufeln und nach Belieben noch mit etwas Kreuzkümmel bestreuen. Hummus auf frischem oder geröstetem Brot oder als Dip zu rohem Gemüse (Radieschen, Selleriestangen oder Möhrenstifte) reichen.

MAL ANDERS **Hummus schmeckt auch wunderbar als proteinreiche Grundlage in einem vegetarischen Sandwich.**

Auberginenkaviar

Auberginen vollreif, 2 (ca. 600 g)
Knoblauchzehe 1
Koriandergrün ½ Bund
Zitronensaft ½ EL
Olivenöl extra vergine, 4 EL

+ Salz, Pfeffer

Für 4 Personen
Zubereitungszeit: 1 Std.
Kühlzeit: 1 Std.
Pro Portion: ca. 110 kcal,
1 g E, 10 g F, 3 g KH

Den Backofengrill oder den Backofen auf höchste Stufe vorheizen. Die Auberginen waschen und mit einer Gabel mehrmals einstechen. Die Auberginen auf ein Backblech geben und unter dem Grill oder im heißen Ofen (oben) von allen Seiten in ca. 30 Min. dunkelbraun grillen, dabei zwischendurch wenden. Dann die gegrillten Auberginen im ausgeschalteten Ofen ca. 15 Min. abkühlen lassen.

Die abgekühlten Auberginen halbieren, das Fruchtfleisch mit einem Löffel aus der Schale schaben und in einen Standmixer oder hohen Rührbecher geben.

Knoblauch schälen, grob hacken und zu den Auberginen geben. Das Koriandergrün waschen und trocken schütteln. Die Blättchen abzupfen und mit Zitronensaft, Olivenöl sowie etwas Salz und Pfeffer ebenfalls dazugeben. Alles im Standmixer oder mit dem Pürierstab zu einer homogenen Paste pürieren.

Den Auberginenkaviar abschmecken und 1 Std. im Kühlschrank ruhen lassen. Dazu passt frisches oder geröstetes Brot.

INFO **Reife Auberginen erkennen Sie daran, dass sie schwer sind und bei Fingerdruck leicht nachgeben.**

MAL ANDERS **Sie können den Kaviar auch sehr gut mit Minze, Petersilie oder Basilikum aromatisieren.**

Marinierte Paprika mit Sardellen

rote Paprika 3
Sardellenfilets in Öl eingelegt, 12
Knoblauchzehen 3
Basilikum 1 kleines Bund
Olivenöl extra vergine, 150 ml

+ Salz, Pfeffer

Für 4 Personen
Zubereitungszeit: 35 Min.
Marinierzeit: 12 Std.
Pro Portion: ca. 170 kcal, 5 g E, 14 g F, 4 g KH

Den Backofengrill oder den Backofen auf höchste Stufe vorheizen. Die Paprika waschen und auf einem Rost unter dem Grill oder im heißen Ofen (oben) in ca. 15 Min. dunkelbraun grillen, dabei regelmäßig wenden, sodass die Haut von allen Seiten bräunt und Blasen wirft. Dann die Paprika zugedeckt ca. 15 Min. auf einem Teller abkühlen lassen.

Abgekühlte Paprika schälen und halbieren, weiße Trennwände und Kerne entfernen. Die Hälften in ca. 3 cm breite Streifen schneiden und nebeneinander in eine große Schale legen. Die Sardellenfilets abtropfen lassen und kreuzweise auf den Paprikastreifen verteilen.

Knoblauch schälen und durch die Presse in ein Schälchen drücken. Das Basilikum waschen und trocken schütteln. Die Blättchen grob hacken und mit dem Olivenöl sowie Salz und Pfeffer dazugeben. Alles mischen und gleichmäßig über den Paprikastreifen verteilen. Ca. 12 Std. im Kühlschrank ruhen lassen.

Die marinierten Paprika mit Sardellen ca. 30 Min. vor dem Servieren aus dem Kühlschrank nehmen. Mit frischem Brot und Zitronenvierteln reichen.

BUNTER **Sie können auch gelbe und rote Paprika mischen. Grüne Schoten eignen sich hier allerdings nicht so gut, da sie bitter schmecken.**

Chicorée mit Roquefort

Chicorée 3 kleine Stauden
Roquefort (Blauschimmelkäse) 200 g
Walnusskerne 100 g
Crème fraîche 50 g
Schnittlauch ½ Bund

\+ Salz, Pfeffer

Für 4 Personen
Zubereitungszeit: 20 Min.
Kühlzeit: 1 Std.
Pro Portion: ca. 410 kcal, 16 g E, 36 g F, 6 g K

Die Chicorée-Stauden putzen, beschädigte Blätter entfernen und den bitteren Strunk kegelförmig herausschneiden. Die Chicorée-Blätter einzeln ablösen und auf einer großen Platte mit der Rundung nach unten verteilen.

Den Roquefort in eine Schale geben und mit einer Gabel grob zerdrücken. Die Walnusskerne grob hacken, drei Viertel davon mit der Crème fraîche unter den Roquefort mischen. Den Schnittlauch waschen, trocken schütteln und in feine Röllchen schneiden. Schnittlauch ebenfalls untermischen. Die Roquefortcreme vorsichtig mit Salz und Pfeffer würzen. (Der Roquefort ist schon sehr salzig.)

Jeweils ca. 1TL Roquefortcreme auf jedes Chicorée-Blatt geben und mit den restlichen Walnüssen bestreuen. Alles vor dem Servieren ca. 1 Std. im Kühlschrank ruhen lassen.

MAL ANDERS **Im Frühling und Sommer die Roquefortcreme mit frischen Kerbelblättchen statt mit Schnittlauch zubereiten – für eine zartwürzige Anisnote.**

Pilz-Carpaccio

Champignons sehr frisch, 350 g
Knoblauchzehe klein, 1
Petersilie 6 Stängel
Parmesan 50 g
Olivenöl extra vergine, 6 EL

\+ Salz, Pfeffer

Für 4 Personen
Zubereitungszeit: 15 Min.
Pro Portion: ca. 190 kcal,
5 g E, 18 g F, 0 g KH

Die Champignons putzen, sandige oder schadhafte Stiele abschneiden. Die »Haut« der Champignonhüte abziehen, dann die Pilze in 2–3 mm dicke Scheiben schneiden und kreisförmig auf einer großen Platte anrichten.

Knoblauch schälen und sehr fein hacken. Die Petersilie waschen und trocken schütteln. Die Blättchen hacken. Den Parmesan hobeln oder reiben.

Knoblauch, Parmesan und etwas Salz und Pfeffer über den Champignons verteilen. Alles mit dem Olivenöl beträufeln und mit der Petersilie bestreuen. Das Pilz-Carpaccio sofort servieren.

RAFFINIERTER **In der Saison im Herbst mal frische Steinpilze verwenden! Damit wird aus dieser schlichten Vorspeise eine wahre Delikatesse!**

Algen-Tatar

Algenflocken (Bioladen), 6 EL
Schalotte 1
Haselnusskerne 30 g
Zitrone ½
Haselnussöl 5 EL

\+ Salz, Pfeffer

Für 4 Personen
Zubereitungszeit: 10 Min.
Kühlzeit: 2 Std.
Pro Portion: ca. 155 kcal,
1 g E, 16 g F, 2 g KH

Die Algenflocken in einem Schälchen mit 4 EL kaltem Wasser vermischen und ca. 5 Min. quellen lassen.

Inzwischen die Schalotte schälen und fein hacken. Die Haselnusskerne grob hacken und in einer kleinen Pfanne ohne Fett leicht anrösten, dabei regelmäßig umrühren. Zitronenhälfte auspressen.

Gehackte Schalotte, Haselnüsse und die Hälfte des Zitronensafts zu den Algen geben und vermischen. Das Haselnussöl löffelweise nach und nach unterrühren. Das Algen-Tatar mit Salz, Pfeffer und eventuell noch etwas Zitronensaft abschmecken. Vor dem Servieren mindestens 2 Std. im Kühlschrank ruhen lassen. Dazu geröstetes Brot reichen.

RAFFINIERTER **Das Algen-Tatar auf Rettich- oder Gurkenscheiben anrichten und als Fingerfood servieren.**

Ziegenkäse-Crostini mit Feigen

Baguette 12 Scheiben
Olivenöl extra vergine, 3 EL
Ziegenfrischkäse 200 g
Feigen vollreif, 8
Rucola 100 g

\+ Salz, Pfeffer

Für 4 Personen
Zubereitungszeit: 20 Min.
Pro Portion: ca. 390 kcal, 14 g E, 20 g F, 38 g KH

Die Baguettescheiben im Toaster oder im Backofen bei 240° hellbraun rösten, dann mit 2 EL Olivenöl beträufeln.

Den Ziegenfrischkäse mit einer Gabel zerdrücken und mit Salz und Pfeffer abschmecken. Die Feigen vorsichtig waschen, trocken tupfen und in Scheiben schneiden. Rucola waschen und trocken schleudern. Grobe Stiele entfernen.

Den Ziegenkäse auf die gerösteten Brotscheiben streichen. Die Feigenscheiben gleichmäßig darauf verteilen. Das übrige Olivenöl darüberträufeln.

Den Rucola und die Ziegenkäse-Crostini auf vier Teller verteilen oder auf einer großen Servierplatte anrichten.

NOCH EINFACHER **Sie können anstelle von Baguette auch sehr gut rustikales Landbrot verwenden. In diesem Fall brauchen Sie 6 Scheiben.**

Tapenade

schwarze Oliven 175 g
Knoblauchzehe 1
Sardellenfilets in Öl eingelegt, 4
Kapern 1 TL
Olivenöl extra vergine, 3 EL

+ Salz, Pfeffer

Für 4 Personen
Zubereitungszeit: 10 Min.
Pro Portion: ca. 180 kcal,
2 g E, 18 g F, 2 g KH

Die Oliven entsteinen und grob hacken. Den Knoblauch schälen und hacken. Die Sardellenfilets abtropfen lassen und mit den Kapern ebenfalls grob zerkleinern.

Die Oliven mit Knoblauch, Sardellen, Kapern und der Hälfte des Öls 1–2 Min. im Standmixer oder in einem hohen Rührbecher mit dem Pürierstab grob pürieren, dabei zwischendurch immer wieder Pausen machen.

Das restliche Olivenöl dazugeben, die Paste mit Salz (falls nötig) und Pfeffer würzen und nochmals kurz pürieren. Die Olivenpaste zu geröstetem Brot reichen.

INFO **Je besser die Oliven, desto besser die Olivenpaste! Traditionell werden dafür die kleinen schwarzbraunen, südfranzösischen Oliven verwendet.**

Stockfisch-Püree

Stockfisch 600 g
Knoblauchzehe klein, 1
Olivenöl 200 ml
Milch 100 ml
Zitrone 1

\+ Salz, Pfeffer

Für 6 Personen
Ruhezeit: 48 Std.
Zubereitungszeit: 30 Min.
Pro Portion: ca. 650 kcal, 80 g E, 36 g F, 1 g KH

Den Stockfisch für 24–48 Std. (je nachdem, wie trocken er ist) zum Entsalzen in eine mit kaltem Wasser gefüllte Schüssel legen. Jeden Morgen und jeden Abend das Wasser wechseln. Der gewässerte Stockfisch sollte am Ende nur noch leicht salzig schmecken.

Dann in einem großen Topf 2–3 l Wasser zum Kochen bringen. Den Stockfisch dazugeben, die Hitze herunterschalten und den Fisch 7–8 Min. bei sehr kleiner Hitze im simmernden Wasser ziehen lassen. Den Fisch aus dem Wasser nehmen und auf einem Teller abkühlen lassen.

Den Stockfisch von Haut und sämtlichen Gräten befreien und zerpflücken. Den Knoblauch schälen und durch die Presse drücken. 100 ml Olivenöl in einem Topf mit dickem Boden erhitzen. Stockfisch und Knoblauch hinzufügen. Alles bei mittlerer Hitze mit einem Holzlöffel umrühren und dabei die Fischstückchen zerdrücken, bis eine püreeartige Masse entsteht. Das dauert ca. 8 Min.

Die Hitze dann herunterschalten und langsam bei sehr kleiner Hitze das restliche Olivenöl unter das Stockfischpüree rühren. Zum Schluss die Milch nach und nach untermischen. (So viel Flüssigkeit dazugeben, bis das Stockfischpüree nichts mehr aufnehmen kann.)

Das Stockfischpüree mit Salz und Pfeffer abschmecken und abkühlen lassen. Die Zitrone vierteln und zu dem Püree servieren. Dazu geröstetes Brot reichen.

EINKAUFSTIPP **Stockfisch bekommen Sie bei gut sortierten Fischhändlern (am besten vorbestellen!) und manchmal auch in griechischen, portugiesischen oder türkischen Lebensmittelgeschäften.**

Makrelen-Rillettes

Makrelen küchenfertig, 1 kg
Olivenöl extra vergine, 3 EL
Schalotten groß, 2
Dill 1 Bund
Bio-Zitronen 2

\+ Salz, Pfeffer

Für 4 Personen
Zubereitungszeit: 40 Min.
Kühlzeit: 2 Std.
Pro Portion: ca. 395 kcal, 33 g E, 28 g F, 2 g KH

Den Backofen auf 220° vorheizen. Die Makrelen mit 1 EL Öl bepinseln, innen und außen mit Salz und Pfeffer würzen und nebeneinander auf ein Backblech legen. Die Makrelen je nach Größe im heißen Ofen (Mitte)15–20 Min. garen, herausnehmen und abkühlen lassen.

Dann die Makrelen häuten und die Filets entlang der Mittelgräte ablösen. Das Makrelenfleisch zerpflücken und von sämtlichen Gräten befreien. Das Fischfleisch in eine Schüssel geben und mit einer Gabel zerdrücken, eventuell verbliebene Gräten dabei entfernen.

Die Schalotten schälen und fein hacken. Den Dill waschen und trocken schütteln. Die Spitzen ebenfalls fein hacken. Beides zu dem Makrelenfleisch geben.

1 Zitrone heiß waschen und abtrocknen. Die Schale abreiben. Beide Zitronen auspressen. Die Hälfte des Zitronensafts und die Zitronenschale nach Geschmack sowie etwas Salz und Pfeffer zu dem Makrelenfleisch geben. Übriges Olivenöl hinzufügen und alles mit einer Gabel durcharbeiten, bis die Makrelen-Rillettes eine homogene Struktur haben.

Rillettes abschmecken und bei Bedarf noch mehr Zitronensaft untermischen. Die Rillettes mindestens 2 Std. im Kühlschrank ruhen lassen. Zu geröstetem Brot oder Pumpernickel reichen.

SCHNELLER **Geräucherte Makrele eignet sich ebenfalls hervorragend für dieses Rezept, so entfällt außerdem die Garzeit. Achten Sie darauf, dass die Makrele nicht zu fett ist.**

Kalte Joghurt-Suppe mit Gurke

Joghurt 500 g
Salatgurke 1 (ca. 400 g)
Knoblauchzehe 1
Dill 1 kleines Bund
Olivenöl extra vergine, 1 EL

\+ Salz, Pfeffer

Für 4 Personen
Zubereitungszeit: 15 Min.
Kühlzeit: 2 Std.
Pro Portion: ca. 115 kcal, 5 g E, 7 g F, 7 g KH

Den Joghurt in eine Schüssel geben und mit einem Schneebesen glatt rühren. Dann je nach Konsistenz des Joghurts nach und nach 100–200 ml kaltes Wasser unterrühren, bis eine dickflüssige Masse entsteht.

Die Gurke schälen und längs halbieren. Die Kerne mit einem kleinen Löffel herausschaben. Das Gurkenfleisch sehr klein würfeln oder mit einer Gemüsereibe raspeln.

Den Knoblauch schälen und durch die Presse drücken. Den Dill waschen und trocken schütteln. Die Spitzen fein hacken.

Gurke, Knoblauch, Dill und Olivenöl zum Joghurt geben und alles gut vermischen. Die Joghurt-Suppe mit Salz und Pfeffer kräftig abschmecken und bis zum Servieren mindestens 2 Std. im Kühlschrank ruhen lassen.

FEINER **Hier sollten Sie am besten bulgarischen Joghurt verwenden. Und möglichst sehr frischen Knoblauch, den Sie an seiner weißen Farbe und seiner saftigen Konsistenz erkennen. Bei älteren Zehen den grünen Trieb entfernen.**

Radieschenblätter-Suppe

Radieschenblätter von 2 Bund
Kartoffeln mehligkochend, 200 g
Butter 3 EL
Schnittlauch ½ Bund
saure Sahne 200 g

+ Salz, Pfeffer

Für 4 Personen
Zubereitungszeit: 35 Min.
Pro Portion: ca. 190 kcal,
3 g E, 16 g F, 8 g KH

Die Radieschenblätter verlesen, waschen und trocken schleudern. Die Kartoffeln schälen und in Würfel schneiden.

Die Butter in einem Schmortopf erhitzen. Die Radieschenblätter dazugeben und ca. 3 Min. bei kleiner bis mittlerer Hitze andünsten, bis sie zusammenfallen.

Die Kartoffeln sowie etwas Salz und Pfeffer dazugeben. Alles mit ca. 600 ml Wasser knapp bedecken. Suppe zugedeckt 15–20 Min. bei kleiner Hitze garen, bis die Kartoffeln weich sind. Inzwischen den Schnittlauch waschen, trocken schütteln und in Röllchen schneiden.

Die Suppe mit dem Pürierstab pürieren. Falls nötig, noch etwas kochend heißes Wasser dazugeben. 2 EL saure Sahne unterrühren und die Suppe mit Salz und Pfeffer nochmals abschmecken. Mit Schnittlauch bestreuen und heiß servieren. Übrige saure Sahne dazu reichen.

MAL ANDERS **Die Blätter von Rübchen, Kohlrabi oder Brennnesseln eignen sich ebenfalls wunderbar für dieses Rezept.**

Pilz-Omelett

Waldpilze gemischt, 400 g
Schnittlauch ½ Bund
Schalotte 1
Butter 60 g
Eier (L) 8

\+ Salz, Pfeffer

Für 4 Personen
Zubereitungszeit: 30 Min.
Pro Portion: ca. 335 kcal,
18 g E, 27 g F, 3 g KH

Die Pilze putzen und, falls nötig, mit einem Tuch abwischen, sandige oder schadhafte Stiele abschneiden. Die Pilze in Scheiben oder Stücke schneiden.

Den Schnittlauch waschen, trocken schütteln und in Röllchen schneiden. Die Schalotte schälen und hacken.

Die Hälfte der Butter in einer Pfanne erhitzen, die gehackte Schalotte darin ca. 2 Min. bei kleiner Hitze andünsten. Die Pilze dazugeben und bei mittlerer Hitze 5–10 Min. unter Rühren rundherum anbraten, dann vom Herd nehmen.

Die Eier in einer Schüssel mit Salz, Pfeffer und 1 EL Wasser verquirlen.

Die übrige Butter in einer großen Pfanne (28–30 cm Ø) erhitzen. Die verquirlten Eier hineingeben und in 6–8 Min. bei mittlerer bis großer Hitze zum Omelett backen, dabei das Omelett mehrmals mit einem Bratenwender an den Rändern leicht anheben, damit flüssige Masse nach außen ablaufen kann. Wenn das Omelett schon fast fertig ist, die Pilze und den Schnittlauch darauf verteilen und 1–2 Min. mitbacken. Das Omelett zügig backen, damit es saftig bleibt.

Das fertige Omelett in der Mitte zusammenklappen, vorsichtig auf einen Teller gleiten lassen und sofort servieren.

Gefüllte Eier

Eier (M) 6
Dijon-Senf 1TL
Worcester-Sauce 1TL
Zitronensaft 1TL
Frühlingszwiebeln dünn, 4

\+ Salz, Pfeffer, 2 EL Öl

Für 4 Personen
Zubereitungszeit: 15 Min.
Garzeit (Eier): 10 Min.
Kühlzeit: 2 Std.
Pro Portion: ca. 175 kcal, 11 g E, 14 g F, 1 g KH

Die Eier an der flachen Rundung einstechen und in kochendem Wasser in ca. 10 Min. hart kochen. Eier abschrecken und in einer mit kaltem Wasser gefüllten Schüssel abkühlen lassen.

Die Eier pellen und längs halbieren, die Eigelbe mit einem Teelöffel herauslösen und in eine Schüssel geben.

Senf, Worcester-Sauce, Zitronensaft, etwas Salz und Pfeffer sowie 1–2 EL Öl hinzufügen und alles mit einer Gabel zu einer homogenen Creme verarbeiten.

Die Frühlingszwiebeln putzen und waschen. Mit dem Grün fein hacken und unter die Eigelbmasse mischen. Die Masse abschmecken und mit einem Teelöffel in die leeren Eihälften füllen. Die gefüllten Eier bis zum Servieren ca. 2 Std. im Kühlschrank ruhen lassen.

MAL ANDERS **Die Eigelbmischung lässt sich unendlich variieren. Geben Sie z. B. frisch gehackte Kräuter dazu oder feine Streifen Räucherlachs.**

Spinat-Eier-Kuchen

Blattspinat 250 g
Mehl 125 g
Eier (L) 4
Milch 250 ml
Butter 3 EL

\+ Salz, Pfeffer

Für 4 Personen
Zubereitungszeit: 25 Min.
Pro Portion: ca. 305 kcal,
15 g E, 16 g F, 26 g KH

Den Spinat waschen und trocken schleudern. Dicke Stiele entfernen und die Blätter in Streifen schneiden.

Das Mehl mit 1 TL Salz und etwas Pfeffer in einer Schüssel vermischen. Die Eier in die Mitte geben und alles mit einem Schneebesen glatt verrühren. Dann die Milch unter die Masse rühren.

Die Hälfte der Butter in einer großen Pfanne (28–30 cm Ø; der Spinat-Eier-Kuchen darf nicht zu dick sein, sonst wird er in der Mitte nicht gar) erhitzen. Den Spinat unter den Eierteig mischen. Die Masse in das heiße Fett geben und bei kleiner Hitze 7–8 Min. backen.

Sobald die Oberfläche gestockt und die Unterseite gebräunt ist, einen großen Teller auf die Pfanne legen und alles umdrehen. Die übrige Butter in der Pfanne schmelzen lassen und den umgedrehten Eierkuchen wieder in die Pfanne gleiten lassen. Die zweite Seite in 5–6 Min. goldbraun backen. Den Spinat-Eier-Kuchen warm oder kalt servieren.

MAL ANDERS **Anstelle von Spinat können Sie auch frische Kräuter, z. B. Sauerampfer oder Basilikum, und auch Mangold- oder Salatblätter verwenden.**

Rührei mit Käse

Eier (M) 8
Crème fraîche 1 EL
Comté 100 g
Schnittlauch ½ Bund
Butter 1 EL

\+ Salz, Pfeffer

Für 4 Personen
Zubereitungszeit: 10 Min.
Pro Portion: ca. 310 kcal,
21 g E, 25 g F, 1 g KH

Die Eier in eine Schüssel aufschlagen. Salz, Pfeffer und Crème fraîche hinzufügen. Alles mit einer Gabel verquirlen.

Den Comté-Käse von der Rinde befreien und nicht zu fein reiben. Den Schnittlauch waschen, trocken schütteln und in kleine Röllchen schneiden.

Die Butter in einer großen Pfanne erhitzen. Die Eimasse dazugeben und bei kleiner bis mittlerer Hitze stocken lassen, dabei immer wieder mit einem Holzspatel über den Pfannenboden ziehen und alles umrühren, bis die Eimasse dickcremig ist. Das dauert 3–4 Min.

Den geriebenen Comté über das Rührei streuen und schmelzen lassen, dabei die Eimasse weiterhin umrühren. Das fertige Rührei mit Schnittlauch bestreuen und sofort servieren.

MAL ANDERS **1 Zucchino klein würfeln und vorab ca. 2 Min. in der Butter anbraten, dann erst die Eimasse dazugeben.**

Ceviche

Kabeljaufilet sehr frisch, 600 g
rote Zwiebel 1
Chilischote rot, 1
Koriandergrün ½ Bund
Limetten 6

\+ Salz

Für 4 Personen
Zubereitungszeit: 15 Min.
Marinierzeit: 30 Min.
Pro Portion: ca. 105 kcal,
24 g E, 0 g F, 1 g KH

Das Kabeljaufilet abbrausen, trocken tupfen und in ca. 1 cm große Würfel schneiden, dabei eventuell verbliebene Gräten entfernen. Die Fischwürfel in eine flache Schale aus Ton, Porzellan oder Glas (kein Metall!) geben.

Die Zwiebel schälen, halbieren und in feine Streifen schneiden. Die Chilischote halbieren und Kerne und Scheidewände entfernen, die Hälften waschen und in feine Streifen schneiden. Den Koriander waschen und trocken schütteln. Die Blättchen grob hacken.

Zwiebel- und Chilistreifen, Koriander und ½ TL Salz gleichmäßig über den Fischwürfeln verteilen. Limetten auspressen (es sollte ca. 250 ml Saft ergeben), den Saft über den Fisch träufeln.

Die Fischwürfel ca. 20 Min. im Kühlschrank marinieren lassen, dann umrühren und weitere 10 Min. ziehen lassen.

Vor dem Servieren Ceviche etwas abtropfen lassen und dann anrichten, z. B. auf bunten Salatblättern.

INFO **Traditionell werden in Peru, der Heimat dieses Gerichts, gegarte Maiskolben und Süßkartoffeln dazu gereicht.**

NOCH EINFACHER **Anstelle von frischen Chilis können Sie auch Cayennepfeffer verwenden, er ist allerdings nicht so aromatisch.**

Klassisch und herzhaft

50 Rotkohlsalat
52 Kürbissuppe mit Speck
54 Kartoffelsuppe
56 Zwiebelsuppe
58 Gefüllte Ofentomaten
60 Birnen, Bohnen und Speck
62 Spargel mit Schinken
64 Kartoffelpuffer
66 Tagliatelle mit Basilikum-Pesto
68 Spaghetti mit Blitzbolognese
70 Linguine mit Speck und Schnittlauch
72 Mandelforellen
74 Kabeljau im Gemüsebett
76 Makrele in Weißwein
78 Seehecht-Eintopf
80 Scholle mit Speckkartoffeln
82 Brathering sauer
84 Gegrillte Rippchen
86 Wiener Schnitzel
88 Puten-Geschnetzeltes
90 Schneller Burger
92 Linsen mit Würstchen
94 Himmel und Erde
96 Rindsragout

KLASSISCH UND HERZHAFT

Rotkohlsalat mit Äpfeln

Rotkohl ½ Kopf (ca. 600 g)
Apfel groß, säuerlich, 1
Sherryessig 2 EL
Walnussöl 4 EL
Rosinen 4 EL

\+ Salz, Pfeffer

Für 4 Personen
Zubereitungszeit: 15 Min.
Kühlzeit: 12 Std.
Pro Portion: ca. 165 kcal,
2 g E, 10 g F, 15 g KH

Den Rotkohl putzen, vom Strunk befreien und sehr fein schneiden oder raspeln. Es sollten ca. 400 g Salat übrig bleiben.

Den Apfel waschen und halbieren. Die Hälften entkernen und in feine Scheiben schneiden oder klein würfeln.

Den Essig mit etwas Salz und Pfeffer in einer Schüssel verrühren, dann das Walnussöl untermischen. Rotkohl, Äpfel und Rosinen dazugeben und unterrühren.

Den Salat zugedeckt ca. 12 Std. (oder über Nacht) im Kühlschrank durchziehen lassen. Vor dem Servieren den Salat nochmals umrühren und abschmecken.

MAL ANDERS **Nehmen Sie statt Essig mal frisch ausgepressten Orangensaft. Walnussöl können Sie durch Kürbiskern- oder Olivenöl ersetzen. Wenn kein Bio-Apfel zur Hand ist, den Apfel schälen.**

Kürbissuppe mit knusprigem Speck

Muskatkürbis 750 g
Zwiebel groß, 1
Bio-Orange 1
Sahne 75 g
Räucherspeck in dünnen Scheiben, 100 g

\+ 1 EL Öl, Salz, Pfeffer

Für 4 Personen
Zubereitungszeit: 1 Std.
Pro Portion: ca. 285 kcal, 5 g E, 25 g F, 10 g KH

Den Kürbis schälen, entkernen und in grobe Stücke schneiden. Die Zwiebel schälen und fein hacken.

Das Öl in einem Schmortopf erhitzen. Die gehackte Zwiebel darin bei kleiner Hitze ca. 2 Min. andünsten. Kürbisstücke dazugeben und 2–3 Min. unter Rühren mitdünsten. Alles mit Salz und Pfeffer würzen, knapp mit Wasser bedecken und zugedeckt 20–25 Min. bei kleiner Hitze köcheln lassen, bis der Kürbis weich ist.

Inzwischen die Orange heiß waschen und abtrocknen. Die Schale abreiben und den Saft auspressen.

Wenn der Kürbis weich ist, die Hälfte der Flüssigkeit aus dem Topf schöpfen und beiseitestellen. Gut die Hälfte von Orangensaft und -schale zum Kürbis geben und alles mit dem Pürierstab pürieren.

Die Sahne unterrühren und die Suppe mit Salz, Pfeffer, übrigem Orangensaft und restlicher Schale abschmecken. Wenn die Suppe flüssiger sein soll, noch etwas Kochflüssigkeit angießen.

Die Speckscheiben in einer großen beschichteten Pfanne in 3–4 Min. von beiden Seiten knusprig braten. Die Suppe nochmals erhitzen und auf vier Suppenschalen verteilen. Speck daraufgeben und die Suppe sofort servieren.

INFO **Auch Butternut oder Hokkaido eignen sich hervorragend für diese Suppe. Hokkaido muss nicht einmal geschält werden. Die übrig gebliebene Kochflüssigkeit können Sie wie eine Gemüsebrühe für eine andere Suppe oder ein Risotto verwenden.**

Kartoffelsuppe

Kartoffeln mehligkochend, 1 kg
Suppengrün 1 dickes Bund
Zwiebeln 2
Gemüsebrühe 1,25 l
Petersilie 1 kleines Bund

\+ 2 EL Öl, Salz, Pfeffer

Für 4 Personen
Zubereitungszeit: 40 Min.
Pro Portion: ca. 215 kcal,
6 g E, 5 g F, 33 g KH

Die Kartoffeln schälen und grob würfeln. Das Suppengemüse putzen und waschen bzw. schälen. Die Zwiebeln schälen. 1 Zwiebel und das Suppengemüse in feine Würfel schneiden.

1 EL Öl in einem Schmortopf erhitzen. Die Zwiebel- und Gemüsewürfel darin ca. 5 Min. bei kleiner Hitze andünsten, dabei immer mal umrühren. Die Kartoffelwürfel sowie etwas Salz und Pfeffer dazugeben und die Gemüsebrühe angießen. Alles zugedeckt ca. 25 Min. bei kleiner Hitze köcheln lassen, bis Kartoffeln und Gemüse weich sind.

Inzwischen die Petersilie waschen und trocken schütteln. Blättchen fein hacken. Die übrige Zwiebel in Ringe schneiden.

Das restliche Öl in einer Pfanne erhitzen. Die Zwiebelringe darin in ca. 5 Min. bei mittlerer Hitze goldbraun anbraten.

Das gegarte Gemüse in der Suppe zerstampfen oder kurz mit dem Pürierstab pürieren (nicht zu lange, sonst wird die Suppe klebrig!). Die Suppe auf vier tiefe Teller verteilen. Zwiebelringe daraufgeben und alles mit der Petersilie bestreuen. Die Suppe sofort servieren.

EINKAUFSTIPP **Das Bund Suppengrün sollte im Idealfall 1 Möhre, je 1 Stück Knollensellerie und Petersilienwurzel sowie 1 Stange Lauch enthalten. Die dunkelgrünen Lauchteile wie auch die Petersilienstängel werden hier nicht gebraucht. Sie können sie jedoch wunderbar noch für eine selbst gekochte Gemüsebrühe (S. 232) verwenden.**

Zwiebelsuppe

Zwiebeln 400 g
Butter 3 EL
Fleischbrühe 1,6 l
Gruyère 150 g
Brot vom Vortag, 4 Scheiben

\+ 2 EL Mehl, Salz, Pfeffer

Für 4 Personen
Zubereitungszeit: 50 Min.
Pro Portion: ca. 330 kcal, 14 g E, 19 g F, 24 g KH

Die Zwiebeln schälen und in feine Ringe schneiden. Die Butter in einem Schmortopf erhitzen. Die Zwiebelringe darin bei kleiner bis mittlerer Hitze 10–15 Min. anbraten, bis sie hellbraun sind, dabei regelmäßig umrühren und aufpassen, dass die Zwiebeln nicht anbrennen. (Die Suppe wird sonst bitter).

Das Mehl über die Zwiebeln stäuben und alles umrühren. Die Brühe angießen und aufkochen. Etwas Salz und reichlich Pfeffer dazugeben und alles 15–20 Min. offen bei mittlerer Hitze köcheln lassen, die Suppe soll dabei leicht eindicken. Inzwischen den Gruyère von der Rinde befreien und grob reiben.

Den Backofengrill oder den Backofen auf höchste Stufe vorheizen. Die heiße Zwiebelsuppe auf vier ofenfeste Suppenschalen verteilen und jeweils mit 1 Brotscheibe bedecken.

Den Käse über das Brot streuen und die Suppe in 5–8 Min. (nicht zu dicht) unter dem heißen Grill oder im heißen Ofen (oben) goldbraun überbacken.

RAFFINIERTER **Ersetzen Sie einen Teil der Fleischbrühe durch 1 Glas trockenen Weißwein.**

Gefüllte Ofentomaten

Fleischtomaten 4
Gemüsezwiebel 1
Koriandergrün 1 großes Bund
Hackfleisch gemischt, 400 g
Ei (M) 1

\+ 2 EL Öl, Salz, Pfeffer

Für 4 Personen
Zubereitungszeit: 15 Min.
Garzeit: 50 Min.
Pro Portion: ca. 355 kcal, 23 g E, 27 g F, 4 g KH

Die Tomaten waschen und am oberen Ende jeweils ein »Hütchen« abschneiden. Mit einem Teelöffel die Kerne aus den Tomaten entfernen. Dann die Tomaten umdrehen und ca. 10 Min. mit der Öffnung nach unten ruhen lassen.

Inzwischen die Zwiebel schälen und fein hacken. Koriandergrün waschen und trocken schütteln. Die Blättchen ebenfalls fein hacken. Beides in eine Schüssel geben. Den Backofen auf 170° vorheizen. Eine Gratinform mit 1 EL Öl bepinseln.

Gehackte Zwiebel und Koriander mit dem Hackfleisch und dem Ei sowie etwas Salz und Pfeffer gut vermischen.

Die Tomaten vorsichtig mit der Hackfleischmischung füllen und nebeneinander in die Gratinform setzen. 1 EL Öl über die gefüllten Tomaten träufeln und die »Hütchen« aufsetzen.

Die gefüllten Tomaten ca. 50 Min. im heißen Ofen (unten) garen. Heiß servieren.

MAL ANDERS **Auch ein Rest gegarter Reis (oder auch Grünkern, Bulgur, Graupen, Buchweizen) oder ein Fleischrest vom Vortag eignet sich hervorragend als Zutat in der Füllung. Nehmen Sie dann einfach weniger Hackfleisch.**

Birnen, Bohnen und Speck

Räucherspeck durchwachsen, 500 g
grüne Bohnen 600 g
Bohnenkraut 2 Stängel
Birnen (z. B. Williams) 4
Petersilie 1 kleines Bund

\+ Pfeffer, Salz, 1 EL Essig

Für 4 Personen
Zubereitungszeit: 1 Std.
Pro Portion: ca. 875 kcal,
15 g E, 82 g F, 18 g KH

Den geräucherten Speck in einen großen Topf geben und knapp mit kaltem Wasser bedecken. Das Wasser zum Kochen bringen und alles zugedeckt ca. 30 Min. bei kleiner Hitze köcheln lassen.

Inzwischen die Bohnen putzen, waschen und eventuell halbieren. Das Bohnenkraut waschen. Bohnen und Bohnenkraut zu dem Speck geben, mit Pfeffer würzen. Falls nötig, noch etwas heißes Wasser angießen, sodass Bohnen und Speck knapp bedeckt sind. Alles ca. 15 Min. zugedeckt weitergaren.

Dann die Birnen waschen und mit Stiel auf die Bohnen legen. Alles noch ca. 10 Min. zugedeckt köcheln lassen, bis die Birnen schön weich sind, dabei die Birnen einmal umdrehen. Inzwischen die Petersilie waschen und trocken schütteln. Die Blättchen fein hacken.

Die Suppe mit Salz, Pfeffer und Essig abschmecken. Den Speck in Scheiben schneiden. Birnen, Speckscheiben und Suppe auf vier tiefe Teller verteilen und heiß mit Petersilie bestreut servieren.

INFO **Traditionell wird dieses Gericht mit den kleinen grünen Kochbirnen, die es im August gibt, zubereitet. In diesem Fall 2 Birnen pro Person rechnen, eventuell noch Pellkartoffeln dazu reichen.**

Spargel mit Schinken und Pellkartoffeln

weißer Spargel 1,5 kg
Kartoffeln festkochend, 8
Schinken geräuchert, 8 Scheiben
Butter 90 g
Zitrone ½

\+ Salz, Pfeffer

Für 4 Personen
Zubereitungszeit: 30 Min.
Garzeit: 20 Min.
Pro Portion: ca. 390 kcal, 13 g E, 22 g F, 34 g KH

Den Spargel schälen, die holzigen Enden entfernen. Die Stangen in einem Topf über wenig köchelndem Wasser auf einem Dämpfeinsatz in 10–15 Min. (je nach Dicke des Spargels) zugedeckt leicht bissfest dampfgaren. Den gegarten Spargel gut abtropfen und lauwarm abkühlen lassen.

Parallel dazu die Kartoffeln abbürsten und in ca. 20 Min. in kochendem Wasser weich garen, dann abgießen.

Die Butter bei kleiner Hitze schmelzen, aber nicht kochen lassen. Die Zitronenhälfte auspressen. Die Butter mit Zitronensaft, Salz und Pfeffer abschmecken. Den Spargel mit Schinken, Pellkartoffeln und Buttersauce reichen.

FEINER **Je 1 TL gehackten Kerbel, Schnittlauch, Petersilie und ½ TL Estragon unter die Buttersauce rühren.**

Kartoffelpuffer mit Kompott und Lachs

Kartoffeln festkochend, 1,7 kg
Äpfel groß, 6
Eier (M) 3
Öl zum Anbraten, ca. 8 EL
Räucherlachs 8 dünne Scheiben

\+ Zucker, Salz, Pfeffer

Für 4 Personen
Zubereitungszeit: 45 Min.
Kochzeit (Kartoffeln): 20 Min.
Pro Portion: ca. 715 kcal, 27 g E, 31 g F, 81 g KH

2 Kartoffeln abbürsten und mit der Schale in ca. 20 Min. in kochendem Wasser weich garen, dann abgießen und bis zur Verwendung abkühlen lassen.

Für das Apfelkompott die Äpfel schälen und halbieren. Die Hälften entkernen und in Würfel schneiden. Die Apfelwürfel mit ½ Tasse Wasser in einen Topf geben und zugedeckt ca. 15 Min. garen, bis sie zerfallen. Das Kompott nach Belieben noch mit einem Pürierstab pürieren und je nach Säure der Äpfel mit etwas Zucker abrunden. Abkühlen lassen.

Während das Kompott abkühlt, die rohen Kartoffeln schälen und nicht zu fein raspeln. Die gegarten und leicht abgekühlten Kartoffeln pellen, zerstampfen und mit den geraspelten Kartoffeln, den Eiern und etwas Salz vermengen.

2 EL Öl in einer großen Pfanne erhitzen. Für jeden Puffer 2–3 EL Teig in das heiße Fett geben, Teig jeweils rund ausstreichen und in ca. 5 Min. auf jeder Seite goldbraun backen. Insgesamt ca. 16 kleine Puffer backen, zwischendurch bei Bedarf erneut 2 EL Öl in die Pfanne geben.

Die erste Hälfte der Kartoffelpuffer mit Räucherlachs, die zweite Hälfte mit dem Apfelkompott servieren.

INFO **Boskop oder Elstar eignen sich sehr gut für das Kompott und garen schnell, bei anderen Apfelsorten eine etwas längere Garzeit einplanen.**

Tagliatelle mit Basilikum-Pesto

Tagliatelle 500 g
Basilikum 1 großes Bund
Knoblauchzehen 2
Parmesan 100 g
Olivenöl extra vergine, 150 ml

+ Salz, Pfeffer

Für 4 Personen
Zubereitungszeit: 20 Min.
Pro Portion: ca. 865 kcal, 22 g E, 46 g F, 89 g KH

Für die Tagliatelle reichlich Wasser in einem großen Topf zum Kochen bringen.

Inzwischen das Basilikum waschen und trocken schütteln. Die Blättchen abzupfen, falls nötig, noch trocken tupfen und in einen Standmixer oder hohen Rührbecher geben. Knoblauch schälen und fein hacken. Den Parmesan reiben.

Knoblauch, 60 g Parmesan, etwas Salz und Pfeffer und das Olivenöl zu dem Basilikum geben. Alles im Mixer oder mit dem Pürierstab zu einer nicht zu homogenen Paste pürieren. Das Pesto nochmals mit Salz und Pfeffer abschmecken.

Die Tagliatelle mit 1 EL Salz in das kochende Wasser geben und darin nach Packungsanweisung al dente garen, dabei zwischendurch umrühren. 2–3 EL Nudelkochwasser abnehmen und unter das Pesto rühren. Tagliatelle in ein Sieb abgießen, in einer Schüssel mit dem Pesto vermischen und sofort servieren. Restlichen Parmesan dazu reichen.

INFO **Traditionell wird in Ligurien das Pesto im Mörser zubereitet und erhält so eine leicht körnige Konsistenz.**

Spaghetti mit Blitzbolognese

Frühlingszwiebeln 4
Rinderhackfleisch 350 g
Dosentomaten 800 g
Spaghetti 500 g
Parmesan 60 g

\+ 1 EL Öl, Salz, Pfeffer

Für 4 Personen
Zubereitungszeit: 40 Min.
Pro Portion: ca. 780 kcal,
39 g E, 27 g F, 95 g KH

Die Frühlingszwiebeln putzen und waschen. Die weißen und die grünen Teile separat hacken.

Das Öl in einem Topf erhitzen. Die weißen Frühlingszwiebeln darin ca. 2 Min. andünsten. Das Hackfleisch dazugeben und ca. 5 Min. bei mittlerer Hitze anbraten. Dabei das Hack mit einer Gabel zerdrücken, bis es krümelig wird.

Die Tomaten in der Dose grob zerkleinern und mit der Flüssigkeit zum Hackfleisch geben. Alles mit Salz und Pfeffer würzen und zugedeckt 20–30 Min. bei kleiner Hitze köcheln lassen.

Parallel dazu für die Spaghetti reichlich Wasser in einem großen Topf aufkochen.

Kurz bevor die Sauce fertig ist, die Spaghetti mit 1 EL Salz in das kochende Wasser geben und darin nach Packungsanweisung al dente garen, dabei zwischendurch umrühren, damit die Nudeln nicht kleben. Den Parmesan reiben.

Die Spaghetti abgießen und mit der Bolognese servieren. Zwiebelgrün und geriebenen Parmesan dazu reichen.

NOCH FRISCHER **In der Saison im Hochsommer 500 g frische, vollreife Tomaten verwenden. Die Tomaten überbrühen, häuten, entkernen und ohne die Stielansätze klein würfeln. Tomaten mit ½ Glas Wasser in den Topf geben.**

Linguine mit Speck und Schnittlauch

Räucherspeck durchwachsen, 150 g
Schalotten 2
Crème fraîche 300 g
Linguine 500 g
Schnittlauch ½ Bund

\+ Pfeffer, Salz

Für 4 Personen
Zubereitungszeit: 25 Min.
Pro Portion: ca. 780 kcal,
23 g E, 35 g F, 92 g KH

Für die Linguine reichlich Wasser in einem großen Topf zum Kochen bringen.

Inzwischen den Räucherspeck von Knorpel und Schwarte befreien und in kleine Würfel schneiden. Die Schalotten schälen und fein hacken.

Die Speckwürfel in eine Pfanne geben und bei schwacher bis mittlerer Hitze ca. 5 Min. anschwitzen, bis das Fett austritt. Die Hitze dann etwas erhöhen und den Speck hellbraun anbraten.

Die gehackten Schalotten hinzufügen und ca. 2 Min. mitbraten. Die Crème fraîche unterrühren. Alles mit Pfeffer würzen und ca. 10 Min. halb zugedeckt bei kleiner Hitze köcheln lassen.

Parallel dazu die Linguine mit 1 EL Salz in das kochende Wasser geben und darin nach Packungsanweisung al dente garen, dabei zwischendurch umrühren. Den Schnittlauch waschen, trocken schütteln und in Röllchen schneiden.

Die Linguine abgießen, mit der Sauce gut vermischen und sofort mit dem Schnittlauch bestreut servieren.

INFO **Sollte die Sauce zu dickflüssig sein, zum Schluss etwas Kochwasser von den Nudeln unterrühren.**

Mandelforellen

Forellen küchenfertig, 4 (à ca. 250 g)
Mehl 4 EL
Butter 4 EL
Mandelblättchen 50 g
Zitrone 1

\+ Salz, Pfeffer

Für 4 Personen
Zubereitungszeit: 20 Min.
Pro Portion: ca. 460 kcal, 45 g E, 24 g F, 15 g KH

Die Forellen abbrausen und trocken tupfen. Die Fische innen und außen mit Salz und Pfeffer würzen.

Das Mehl auf einen großen Teller geben und die Forellen darin wenden. Überschüssiges Mehl abklopfen.

Die Butter in einer großen Pfanne erhitzen. Die Forellen dazugeben und in ca. 10 Min. goldbraun braten, dabei mehrmals wenden. Zum Schluss die Mandelblättchen darüberstreuen und leicht anbräunen lassen. Die Zitrone vierteln.

Die Forellen auf vier Teller geben, mit den Mandelblättchen bedecken und mit Bratbutter beträufeln. Die Mandelforellen sofort mit den Zitronenvierteln servieren.

Kabeljau im Gemüsebett

Kabeljaufilet 800 g
Schalotten 2
Bundmöhren 4
Kohlrabi 400 g
Butter 4 EL

\+ Salz, Pfeffer

Für 4 Personen
Zubereitungszeit: 30 Min.
Pro Portion: ca. 250 kcal, 36 g E, 9 g F, 7 g KH

Das Kabeljaufilet abbrausen und trocken tupfen. Das Filet in vier Stücke schneiden und mit Salz und Pfeffer würzen.

Die Schalotten schälen und fein hacken. Möhren und Kohlrabi schälen und in nicht zu dünne Scheiben schneiden. Die Kohlrabischeiben halbieren.

Die Butter in einem Schmortopf erhitzen. Die Schalotten darin bei kleiner bis mittlerer Hitze ca. 3 Min. andünsten.

Die Möhren- und Kohlrabischeiben hinzufügen, umrühren und mit Salz und Pfeffer würzen. 200 ml Wasser angießen und das Gemüse ca. 10 Min. zugedeckt bei kleiner Hitze garen.

Dann die Kabeljaustücke nebeneinander auf dem Gemüse verteilen und alles zugedeckt weitere 8–10 Min. garen. Der Fisch soll gerade gar sein, aber nicht zerfallen. Gemüse und Fisch auf vier Teller verteilen und sofort servieren.

FEINER **Haben Sie Bio-Gemüse mit frischem Grün gekauft? Dann ran ans Kraut! Zarte Kohlrabiblättchen und fedriges Möhrengrün schmecken leicht aromatisch und lassen sich wie Kräuter verwenden. Einfach abzupfen, waschen und mitservieren!**

Makrele in Weißwein

Makrelen küchenfertig, 4 (à ca. 300 g)
Lorbeerblätter 4
Zwiebel groß, 1
Bio-Zitronen 2
Weißwein trocken, 750 ml

\+ Salz, Pfeffer

Für 4 Personen
Zubereitungszeit: 10 Min.
Garzeit: 25 Min.
Pro Portion: ca. 480 kcal, 35 g E, 22 g F, 1 g KH

Den Backofen auf 240° vorheizen. Die Makrelen abbrausen, trocken tupfen und innen und außen mit Salz und Pfeffer würzen, jeweils 1 Lorbeerblatt in jede Bauchhöhle geben. Die Makrelen nebeneinander in eine ofenfeste Form aus Porzellan oder Ton (kein Metall!) legen.

Die Zwiebel schälen und in Ringe schneiden. Die Zitronen heiß waschen, abtrocknen und in Scheiben schneiden. Zwiebelringe und Zitronenscheiben um die Makrelen herum verteilen. Alles mit etwas Salz und Pfeffer bestreuen und mit dem Weißwein begießen.

Die Makrelen je nach Größe 15–20 Min. im heißen Ofen (Mitte) garen, dann mit einem Schaumlöffel aus dem Sud heben. Die Makrelen heiß servieren.

MAL ANDERS **Die Makrelen in dem Sud abkühlen lassen und kalt genießen – ebenfalls sehr lecker!**

Seehecht–Eintopf

Seehecht küchenfertig, 1 (ca. 1,2 kg)
Suppengrün 1 dickes Bund
Pimentkörner 5
Dill 1 Bund
saure Sahne 200 g

\+ Salz, Pfeffer

Für 4 Personen
Zubereitungszeit: 15 Min.
Garzeit: 25 Min.
Pro Portion: ca. 325 kcal, 49 g E, 13 g F, 5 g KH

Den Fisch abbrausen und trocken tupfen. Kopf und Schwanz vom Fisch abtrennen, beides in einen Topf geben und mit ca. 2 l Wasser bedecken.

Das Suppengemüse putzen, waschen bzw. schälen und grob zerkleinern. Mit Pimentkörnern sowie etwas Salz und Pfeffer zu den Fischteilen im Topf geben. Alles zum Kochen bringen und bei kleiner Hitze ca. 25 Min. köcheln lassen.

Dann den Sud durch ein Sieb in einen zweiten Topf abseihen und bei starker Hitze auf ca. 800 ml einkochen lassen.

Den übrigen Fisch mit den Gräten quer in ca. 3 cm dicke Scheiben schneiden, in den kochenden Sud geben und bei kleiner Hitze ca. 5 Min. zugedeckt ziehen lassen. Das Fischfleisch sollte nicht zerfallen. Den Dill waschen und trocken schütteln. Die Spitzen fein hacken.

Die saure Sahne in einem Schälchen mit etwas heißem Sud verquirlen. Die Mischung dann wieder zurück in den Topf geben und unter den übrigen Sud rühren. Die Hitze ausschalten, der Sud darf nun nicht mehr kochen. Den Seehecht-Eintopf mit Salz und Pfeffer abschmecken, mit Dill bestreuen und heiß servieren. Kartoffeln dazu reichen.

EINKAUFSTIPP **Falls kein ganzer Seehecht aufzutreiben ist, beim Fischhändler nach ein paar Fischköpfen und -gräten (von magerem Seefisch) für den Sud fragen. Gibt es meistens umsonst. In dem fertigen Sud dann Seehechtscheiben oder -filets ziehen lassen. Und statt Seehecht können Sie auch Dorsch oder Kabeljau nehmen.**

Scholle mit Speckkartoffeln

Kartoffeln festkochend, 600 g
Zwiebeln 2
Räucherspeck durchwachsen, 150 g
Butter 150 g
Schollen küchenfertig, 4 (à ca. 300 g)

\+ Salz, Pfeffer, 2 EL Mehl

Für 4 Personen
Zubereitungszeit: 40 Min.
Garzeit (Kartoffeln): 20 Min.
Pro Portion: ca. 640 kcal,
48 g E, 38 g F, 26 g KH

Die Kartoffeln abbürsten und in kochendem Wasser in ca. 20 Min. weich garen, abgießen und leicht abkühlen lassen.

Die Zwiebeln schälen, halbieren und in feine Streifen schneiden. Den Speck von Knorpel und Schwarte befreien und würfeln. Die leicht abgekühlten Kartoffeln pellen und in Scheiben schneiden.

50 g Butter in einer großen Pfanne erhitzen. Zwiebeln und Speck darin bei kleiner bis mittlerer Hitze ca. 5 Min. anschwitzen. Die Kartoffelscheiben hinzufügen und ca. 10 Min. bei mittlerer Hitze braten, dabei leicht anbräunen lassen und regelmäßig umrühren.

Parallel dazu den Backofen auf 60° vorheizen. Die Schollen abbrausen und trocken tupfen. Das Mehl auf einen großen Teller geben. Die Schollen darin wenden. Überschüssiges Mehl abklopfen.

50 g Butter in einer zweiten großen Pfanne erhitzen und 2 Schollen darin in 8–9 Min. goldbraun braten, dabei einmal wenden. Die fertigen Schollen im vorgewärmten Backofen warm halten. Die Pfanne auswischen und die übrigen beiden Schollen in der restlichen Butter auf dieselbe Weise braten. Die Schollen heiß zu den Speckkartoffeln servieren.

Brathering sauer

Heringe küchenfertig, 8
Zwiebeln 2
Roggenmehl 100 g
Lorbeerblätter 4
Kräuteressig 300 ml

\+ Salz, Pfeffer, 2 EL Öl

Für 4 Personen
Zubereitungszeit: 25 Min.
Kühlzeit: 24 Std.
Pro Portion: ca. 570 kcal,
37 g E, 39 g F, 18 g KH

Die Heringe abbrausen und trocken tupfen. Die Fische innen und außen mit Salz und Pfeffer würzen. Die Zwiebeln schälen und in Ringe schneiden.

Das Roggenmehl auf einen großen Teller geben und die Heringe darin wenden. Überschüssiges Mehl abklopfen.

Das Öl in einer großen Pfanne erhitzen. Die Heringe dazugeben und bei mittlerer bis großer Hitze in ca. 10 Min. goldbraun braten, dabei mehrmals wenden.

Heringe mit einem Schaumlöffel aus der Pfanne heben, gut abtropfen lassen und nebeneinander in eine tiefe Form legen.

Die Zwiebeln in die Pfanne geben und in dem Heringsfett 5–6 Min. bei mittlerer Hitze anbräunen. Lorbeer, Kräuteressig sowie 300 ml Wasser hinzufügen und alles ca. 2 Min. kochen lassen.

Die Heringe mit der kochenden Marinade übergießen und abkühlen lassen, dann 24 Std. im Kühlschrank durchziehen lassen, dabei zwischendurch einmal in der Marinade wenden. Bratkartoffeln oder Brot dazu reichen.

INFO **Am besten schmecken Heringe, die auf diese Art zubereitet werden, von Oktober bis Januar – vor der Laichzeit. In der übrigen Zeit können Sie auch sehr gut große Sardinen verwenden.**

Gegrillte Rippchen

Schweinerippchen (Spareribs) 2 kg
Ingwer 1 Stück (ca. 6 cm lang)
Honig flüssig, 4 EL
Sojasauce 4 EL
Sherryessig 4 EL

\+ Salz, Pfeffer, 2 EL Öl

Für 4 Personen
Zubereitungszeit: 45 Min.
Pro Portion: ca. 820 kcal,
56 g E, 58 g F, 22 g KH

Die Rippchen mit einem scharfen Messer zwischen den Knochen auseinanderschneiden, dann die Rippchen abbrausen und trocken tupfen.

Den Ingwer schälen, fein reiben und mit dem Honig, der Sojasauce und dem Sherryessig in eine flache Schale geben. Salz und Pfeffer sowie 1 EL Öl hinzufügen und alles gut vermischen.

Die Rippchen in der Marinade wenden und ca. 15 Min. ruhen lassen, dabei zwischendurch noch mehrmals wenden.

Den Backofengrill vorheizen. Ein Backblech mit dem übrigen Öl bepinseln. Die Rippchen aus der Ingwer-Honig-Marinade nehmen, etwas abtropfen lassen und auf dem Backblech verteilen.

Das Blech nicht zu dicht unter den Grill schieben (Mitte) und die Rippchen in 15–20 Min. von allen Seiten knusprig grillen, dabei regelmäßig wenden und mit der Marinade bestreichen. Die Rippchen heiß servieren, z. B. mit Sellerie- oder Süßkartoffelpüree.

INFO **Die Marinade verstreichen Sie während des Grillens am besten mit einem Backpinsel auf den Rippchen. So werden sie schön würzig und knusprig.**

Wiener Schnitzel

Kalbsschnitzel 4 (à 150 g)
Mehl 100 g
Eier (M) 2
Semmelbrösel 150 g
Butterschmalz zum Braten, 250 g

\+ Salz, Pfeffer

Für 4 Personen
Zubereitungszeit: 20 Min.
Pro Portion: ca. 520 kcal,
41 g E, 19 g F, 46 g KH

Die Schnitzel zwischen zwei Lagen Frischhaltefolie oder Backpapier ca. 4 mm dünn klopfen und von beiden Seiten mit Salz und Pfeffer einreiben.

Drei große, tiefe Teller bereitstellen. In den ersten Teller das Mehl sieben, im zweiten die Eier aufschlagen und verquirlen und in den dritten Teller die Semmelbrösel geben.

Das Butterschmalz in einer großen Pfanne erhitzen (die Schnitzel müssen schwimmen können).

Die Schnitzel zuerst im Mehl wenden. Überschüssiges Mehl abklopfen. Dann die Schnitzel durch die verquirlten Eier ziehen und zum Schluss leicht in den Semmelbröseln wenden.

Die panierten Schnitzel sofort in das heiße Fett geben und in insgesamt 5–6 Min. goldbraun backen, dabei einmal wenden. Die Schnitzel mit Küchenpapier abtupfen und heiß servieren.

INFO **Klassisch werden die Schnitzel mit Zitronenvierteln, grünem Salat und Kartoffeln serviert.**

Puten-Geschnetzeltes

Putenschnitzel 600 g
Zwiebel 1
Champignons 200 g
Butter 2 ½ EL
Sahne 250 g

\+ Salz, Pfeffer

Für 4 Personen
Zubereitungszeit: 30 Min.
Pro Portion: ca. 435 kcal, 40 g E, 29 g F, 3 g KH

Das Fleisch in Streifen schneiden. Die Zwiebel schälen und fein würfeln. Die Pilze putzen und, falls nötig, mit einem Tuch abwischen, sandige oder schadhafte Stiele abschneiden. Die Pilze in dicke Scheiben schneiden oder vierteln.

1 EL Butter in einer Pfanne erhitzen und das Fleisch darin in ca. 10 Min. bei mittlerer Hitze von allen Seiten goldbraun anbraten. Das Fleisch auf einen Teller geben und zur Seite stellen.

Die Zwiebelwürfel mit ½ EL Butter in die Pfanne geben und in ca. 5 Min. bei kleiner Hitze glasig andünsten, dabei regelmäßig umrühren. Die Zwiebelwürfel herausnehmen und beiseitestellen.

Die restliche Butter in der Pfanne erhitzen und die Pilze darin bei großer Hitze 3–4 Min. anbraten. Dann Fleisch und Zwiebeln zurück in die Pfanne geben. Alles mit der Sahne ablöschen.

Das Geschnetzelte mit Salz und Pfeffer würzen, gut umrühren und zugedeckt noch ca. 5 Min. bei kleiner Hitze garen. Reis oder Bulgur dazu reichen.

Schneller Burger

Rinderhackfleisch 500 g
Tomaten 3
weiße Zwiebel groß, 1
Salatblätter 8
Burger-Brötchen Vollkorn, 4

\+ Salz, Pfeffer, 2 EL Öl

Für 4 Personen
Zubereitungszeit: 25 Min.
Kühlzeit: 30 Min.
Pro Portion: ca. 505 kcal, 35 g E, 24 g F, 32 g KH

Das Rinderhack mit Salz und Pfeffer würzen und vier ca. 2 cm dicke runde Burger-Patties formen. Die Patties ca. 30 Min. im Kühlschrank ruhen lassen.

Die Tomaten waschen und ohne die Stielansätze in Scheiben schneiden. Die Zwiebel schälen und in feine Ringe schneiden oder hobeln. Die Salatblätter waschen und trocken schleudern.

1 EL Öl in einer Pfanne erhitzen und die Burger darin auf jeder Seite in insgesamt 2–4 Min. (je nachdem wie durchgebraten man das Fleisch mag) goldbraun anbraten. Parallel dazu die Burger-Brötchen halbieren und toasten.

Die untere Hälfte der Brötchen mit etwas Öl beträufeln und die gebratenen Patties daraufgeben. Jeweils 3–4 Tomatenscheiben und einige Zwiebelringe auflegen, mit Salz und Pfeffer würzen und mit dem restlichen Öl beträufeln. Die Salatblätter darauf verteilen und alles mit den oberen Brötchenhälften bedecken. Die Burger sofort servieren.

FEINER **Gutes Olivenöl und aromatische Tomatensorten, z. B. Ochsenherztomaten oder Black Cherry, verleihen dem Burger würzigen Geschmack, sodass man ganz ohne Zusatzsaucen auskommt. Wer mag, kann aber auch Senf, Ketchup, Mayonnaise oder Lieblingsgrillsauce dazu reichen.**

Linsen mit geräucherten Würstchen

Zwiebel 1
Möhren klein, 2
Puy-Linsen 300 g
Mettwürste geräuchert, 4
Petersilie ½ Bund

\+ 1 EL Öl, Salz, Pfeffer

Für 4 Personen
Zubereitungszeit: 10 Min.
Garzeit: 25 Min.
Pro Portion: ca. 650 kcal, 34 g E, 37 g F, 45 g KH

Die Zwiebel schälen und fein hacken. Die Möhren schälen und würfeln. Die Linsen in einem Sieb abbrausen.

Das Öl in einem Schmortopf erhitzen. Die gehackte Zwiebel mit den Möhrenwürfeln darin bei kleiner Hitze ca. 3 Min. andünsten. Die Linsen hinzufügen und ca. 1 Min. mitdünsten.

Die Würste jeweils zweimal mit einer Gabel einstechen und auf die Linsen legen. Alles knapp mit kaltem Wasser bedecken. Das Wasser zum Kochen bringen. Die Linsen bei kleiner Hitze zugedeckt ca. 20 Min. garen, sie dürfen nicht zerfallen. Falls nötig, noch etwas Wasser dazugeben.

Die Petersilie waschen und trocken schütteln. Die Blättchen fein hacken. Die Linsen mit Salz und Pfeffer abschmecken und mit der Petersilie bestreut servieren.

INFO **Puy-Linsen haben den Vorteil, schneller zu garen als andere Linsen, sie sind auch delikater im Geschmack. Bei anderen grünen oder braunen Linsensorten eine längere Garzeit (und eventuell ein vorheriges Einweichen) einplanen.**

Himmel und Erde

Kartoffeln mehligkochend, 800 g
Zwiebeln 3
Äpfel säuerlich (z. B. Boskop), 2
Butter 90 g
Blutwurst fest, 600 g

+ Salz, 1 EL Zucker, Pfeffer

Für 4 Personen
Zubereitungszeit: 40 Min.
Pro Portion: ca. 775 kcal, 19 g E, 63 g F, 34 g KH

Die Kartoffeln schälen, grob würfeln und in einem Topf knapp mit Wasser bedecken. Kartoffeln mit ½ TL Salz zugedeckt in 20–25 Min. weich kochen.

Inzwischen die Zwiebeln schälen und in dünne Ringe schneiden. Die Äpfel schälen, halbieren, entkernen und würfeln.

1 ½ EL Butter in einer Pfanne erhitzen und die Zwiebelringe darin bei großer Hitze in 3–4 Min. kross anbraten. Aus der Pfanne nehmen und warm halten. Die Apfelwürfel mit 1 ½ EL Butter in die Pfanne geben und hell anbraten. Den Zucker darüberstreuen und leicht karamellisieren lassen.

Die Blutwurst in ca. 2 cm dicke Scheiben schneiden. 1 EL Butter in einer großen Pfanne erhitzen. Die Blutwurstscheiben darin kurz bei mittlerer bis großer Hitze von beiden Seiten anbraten.

Die Hälfte des Kartoffel-Kochwassers abgießen und auffangen. Die restlichen ca. 50 g Butter würfeln und zu den Kartoffeln geben. Die Kartoffeln mit einem Stampfer zerdrücken. Falls nötig, noch ein wenig von dem aufgefangenen Kartoffelwasser hinzufügen. Kartoffelstampf mit Salz und Pfeffer abschmecken.

Die Blutwurstscheiben auf vier Teller verteilen und mit Kartoffelstampf, Apfelkompott und Zwiebelringen anrichten.

INFO **Zum krossen Anbraten der Blutwurst können Sie auch Öl statt Butter verwenden. Es lässt sich höher erhitzen.**

Rindsragout

Rindfleisch (Suppenfleisch) 1,2 kg
Zwiebeln 250 g
Natur-Lebkuchen 2
Kräuterbund (Bouquet garni), 1
dunkles Bier (kein Malzbier), 600 ml

+ 2 EL Öl, Salz, Pfeffer

Für 4 Personen
Zubereitungszeit: 15 Min.
Garzeit: 4 Std.
Pro Portion: ca. 1065 kcal, 55 g E, 75 g F, 37 g KH

Das Fleisch in große Würfel von ca. 4 cm Kantenlänge schneiden, das Fett abschneiden. Die Zwiebeln schälen und hacken.

Das Öl in einem Schmortopf erhitzen. Die Fleischwürfel darin bei großer Hitze in ca. 10 Min. von allen Seiten anbräunen. Die gehackten Zwiebeln dazugeben und 2–3 Min. mitbraten, dabei umrühren. Alles mit Salz und Pfeffer würzen.

Den Lebkuchen zerkrümeln und mit dem Kräuterbund zum Fleisch geben. Alles mit dem Bier und etwas Wasser knapp bedecken, aufkochen und dann zugedeckt 3–4 Std. bei kleiner Hitze schmoren lassen. Am Ende der Garzeit soll das Fleisch auf der Zunge zergehen. Nach Belieben Kartoffeln, Nudeln oder gestampfte Steckrüben dazu reichen.

EINKAUFSTIPP **Für dieses Gericht eignen sich Brust, Schulter oder Beinfleisch vom Rind. Das Kräuterbund sollte in diesem Fall 4 Thymianzweige und 1 Lorbeerblatt enthalten.**

Vegetarisch und vegan

100 Tomatensuppe mit Minze
102 Linsensuppe mit Kokosmilch
104 Currysuppe mit Tempeh
106 Quinoa-Salat mit Räuchertofu
108 Auberginen-gratin
110 Portobello-Pilze mit Polenta
112 Tomaten-Tarte
114 Lauch-Pie
116 Eier aus dem Ofen
118 Tofu Teriyaki
120 Zucchini-Crumble
122 Gefüllte Zwiebeln
124 Gemüse-Wok
126 Linsen mit Räuchertofu
128 Grünkern-Bratlinge mit Pilzen
130 Polenta-Gratin
132 Grüne Gnocchi mit Roquefort
134 Meeres-Spaghetti

VEGETARISCH UND VEGAN

Tomatensuppe mit Minze

Tomaten groß, vollreif, 6
Zwiebeln 2
Knoblauchzehe 1
Minze 1 kleines Bund
Olivenöl extra vergine, 4 EL

\+ Salz, Pfeffer

Für 4 Personen
Zubereitungszeit: 20 Min.
Garzeit: 20 Min.
Pro Portion: ca. 120 kcal, 1 g E, 10 g F, 4 g KH

Die Tomaten überbrühen, häuten und entkernen. Die Tomaten ohne die Stielansätze in kleine Würfel schneiden.

Die Zwiebeln schälen und fein hacken. Den Knoblauch schälen und durch die Presse drücken. Die Minze waschen und trocken schütteln. Ein paar schöne Blättchen abzupfen und für die Deko beiseitelegen, den Rest fein hacken.

2 EL Olivenöl in einem Topf erhitzen. Die gehackten Zwiebeln darin in ca. 2 Min. bei kleiner Hitze glasig andünsten. Tomaten, Knoblauch und gehackte Minze dazugeben und ca. 2 Min. mitdünsten, dabei regelmäßig umrühren.

1 l Wasser angießen und zum Kochen bringen. Anschließend alles zugedeckt ca. 20 Min. bei kleiner Hitze garen.

Die Suppe mit Salz und Pfeffer abschmecken und das restliche Olivenöl unterrühren. Die Suppe nach Belieben pürieren und heiß oder kalt mit den Minzeblättchen bestreut servieren.

MAL ANDERS **Um diese leichte und erfrischende Sommersuppe etwas nahrhafter zu machen, 75 g kleine Suppennudeln nach Packungsanweisung garen und dazugeben. Statt Wasser können Sie auch Gemüsebrühe verwenden.**

Rote Linsensuppe mit Kokosmilch

Frühlingszwiebeln 4

Ingwer 1 Stück (ca. 2 cm lang)

Kurkuma gemahlen, 1 EL

rote Linsen 250 g

Kokosmilch 250 g

\+ 1 EL Öl, Salz, Pfeffer

Für 4 Personen
Zubereitungszeit: 15 Min.
Garzeit: 30 Min.
Pro Portion: ca. 390 kcal, 20 g E, 16 g F, 42 g KH

Die Frühlingszwiebeln putzen und waschen. Schöne grüne Teile für die Deko in Röllchen schneiden, den Rest hacken. Den Ingwer schälen und fein reiben.

Das Öl in einem Schmortopf erhitzen. Gehackte Frühlingszwiebeln darin ca. 2 Min. bei kleiner Hitze andünsten. Ingwer und Kurkuma dazugeben und ca. 2 Min. mitdünsten, dabei umrühren.

Linsen, Kokosmilch und 700 ml Wasser hinzufügen. Alles zum Kochen bringen, dann zugedeckt ca. 30 Min. bei kleiner Hitze garen, bis die Linsen zerfallen.

Die Linsensuppe mit dem Pürierstab pürieren, dabei, falls nötig, noch etwas Wasser dazugeben. Suppe mit Salz und Pfeffer abschmecken und auf vier Suppenschalen verteilen. Mit den Frühlingszwiebelringen und eventuell noch etwas Kurkuma bestreuen und heiß servieren. Dazu Fladenbrot und nach Belieben auch Zitronenviertel reichen.

INFO **Kurkuma, bekannt seit dem Altertum für seine Heilkräfte, hat ein leicht bitteres Aroma. Wer das nicht so gern mag, kann die Suppe auch mit Currypulver oder -paste, Kreuzkümmel oder gemahlenem Koriander abschmecken.**

Currysuppe mit gebratenem Tempeh

Knoblauchzehen 2
Staudensellerie 1 Stange
Currypaste 1 EL
Kokosmilch 400 g
Tempeh 400 g

+ 3 EL Öl, Salz, Pfeffer

Für 4 Personen
Zubereitungszeit: 10 Min.
Garzeit: 20 Min.
Pro Portion: ca. 420 kcal, 22 g E, 35 g F, 4 g KH

Den Knoblauch schälen und fein hacken. Sellerie putzen, waschen und in feine Streifen schneiden. Schönes Selleriegrün für die Deko abzupfen und hacken.

1 EL Öl in einem Schmortopf erhitzen. Knoblauch und Selleriestreifen darin bei kleiner Hitze 2–3 Min. andünsten. Die Currypaste dazugeben und ca. 2 Min. mitdünsten. Die Kokosmilch sowie 400 ml Wasser hinzufügen. Alles bei kleiner Hitze ca. 15 Min. einköcheln lassen.

Inzwischen das restliche Öl in einer Pfanne erhitzen. Den Tempeh in 1–2 cm große Würfel schneiden und im heißen Öl bei mittlerer Hitze in ca. 7 Min. von allen Seiten goldbraun anbraten.

Die Currysuppe mit Salz und Pfeffer abschmecken und auf vier tiefe Teller verteilen. Den gebratenen Tempeh hineingeben und die Suppe mit den gehackten Sellerieblättern bestreut servieren.

INFO **Currypasten gibt es in verschiedenen Versionen. Gelbe Thai-Currypaste ist in der Regel eher mild, die rote schärfer und die grüne sehr feurig. Ein Rezept für selbst gemachte indische Currypaste finden Sie auf Seite 233.**

Quinoa-Salat mit Räuchertofu

Quinoa 250 g
Frühlingszwiebeln 4
Räuchertofu 250 g
Reisessig 5 EL
geröstetes Sesamöl 6 EL

\+ Salz, Pfeffer

Für 4 Personen
Zubereitungszeit: 30 Min.
Abkühlzeit: 15 Min.
Kühlzeit: 30 Min.
Pro Portion: ca. 445 kcal, 19 g E, 24 g F, 38 g KH

Die Quinoa in einem Sieb abbrausen, in einen Topf geben und mit 400 ml Wasser bedecken. Alles zum Kochen bringen und bei kleiner Hitze ca. 15 Min. zugedeckt köcheln lassen. Die Quinoa vom Herd ziehen und noch ca. 5 Min. quellen, anschließend in ca. 15 Min. leicht abkühlen lassen.

Die Frühlingszwiebeln putzen, waschen und mit dem Grün fein hacken. Den Tofu in Würfel schneiden.

Reisessig, Salz und Pfeffer in einer Schüssel verrühren, dann das Sesamöl unterrühren. Die abgekühlte Quinoa mit den gehackten Frühlingszwiebeln und den Tofuwürfeln in die Vinaigrette geben und alles gut vermischen. Den Quinoa-Räuchertofu-Salat ca. 30 Min. im Kühlschrank ziehen lassen und vor dem Servieren nochmals abschmecken.

INFO **Quinoa, schon seit über 5000 Jahren in Südamerika kultiviert, wurde von der westlichen Welt erst in den 70er-Jahren entdeckt. Das sogenannte »goldene Korn« besitzt eine extrem hohe Nährwertqualität.**

Auberginengratin

Auberginen groß, vollreif, 2 (à 400 g)
Olivenöl 100 ml
Parmesan 60 g
Tomatenpüree mit Kräutern, 400 g
Mozzarella 2 Kugeln (250 g)

\+ Salz

Für 4 Personen
Zubereitungszeit: 25 Min.
Ruhezeit: 15 Min.
Backzeit: 40 Min.
Pro Portion: ca. 430 kcal, 20 g E, 34 g F, 10 g KH

Die Auberginen putzen, waschen und in ca. 1,5 cm dicke Scheiben schneiden. Dann die Auberginenscheiben mit Salz bestreuen, in ein Sieb geben und ca. 15 Min. Wasser ziehen lassen.

3 EL Olivenöl in einer großen Pfanne erhitzen. Die Auberginenscheiben abtupfen und in zwei bis drei Portionen im heißen Öl bei großer Hitze in ca. 8 Min. von beiden Seiten hellbraun anbraten, dabei zwischendurch regelmäßig ein wenig Öl hinzufügen. Auberginen auf Küchenpapier abtropfen lassen.

Den Backofen auf 200° vorheizen. Den Parmesan reiben. 4 EL Tomatenpüree auf dem Boden einer ofenfesten Form verteilen. Die Hälfte der Auberginenscheiben darauflegen, sodass sie sich etwas überschneiden. Auberginen mit der Hälfte des Parmesans bestreuen, dann alles wiederholen. Das restliche Tomatenpüree daraufgeben.

Die Mozzarellakugeln in dicke Scheiben schneiden und auf dem Gratin verteilen. Alles mit dem übrigen Olivenöl beträufeln. Das Gratin 30–40 Min. im heißen Ofen (Mitte) überbacken. Heiß servieren.

NOCH EINFACHER **Sie können die Auberginenscheiben auch leicht mit Öl bepinseln, nebeneinander auf ein Backblech geben und unter dem vorgeheizten Backofengrill im heißen Ofen (oben) ca. 4 Minuten pro Seite grillen.**

Portobello-Pilze mit Polenta

Portobello-Pilze 5 (à 70 g)
Knoblauchzehen 2
Petersilie 1 Bund
Parmesan 60 g
Instant-Polenta 125 g

\+ 2 ½ EL Öl, Salz, Pfeffer

Für 4 Personen
Zubereitungszeit: 25 Min.
Backzeit: 25 Min.
Pro Portion: ca. 240 kcal, 12 g E, 11 g F, 24 g KH

Die Pilze putzen und, falls nötig, mit einem Tuch abwischen. Die Stiele herausdrehen oder schneiden, dabei sandige oder schadhafte Stellen entfernen. Alle Stiele und 1 Portobello-Pilz fein hacken. Knoblauch schälen und fein hacken.

1 EL Öl in einer Pfanne erhitzen. Pilz-Gehacktes mit dem Knoblauch dazugeben und bei kleiner bis mittlerer Hitze ca. 5 Min. leicht anbraten, dann in der Pfanne beiseitestellen.

Die Petersilie waschen und trocken schütteln. Die Blättchen fein hacken. Den Parmesan reiben.

Den Backofen auf 190° vorheizen. Für die Polenta 600 ml Wasser (s. Mengenangabe auf der Packung!) aufkochen, die Polenta einrühren und bei kleiner Hitze in 2–3 Min. unter ständigem Rühren nach Packungsanweisung zubereiten.

Die Pilzmischung aus der Pfanne, gehackte Petersilie und den Parmesan unter den fertigen Polentabrei mischen. Alles mit Salz und Pfeffer abschmecken.

Eine flache, ofenfeste Form mit wenig Öl bepinseln. Die Portobello-Pilze mit der Polenta-Mischung füllen und mit der Füllung nach oben in die Form geben. Das restliche Öl über die Pilze träufeln. Die Pilze im heißen Ofen (Mitte) in ca. 25 Min. goldbraun überbacken.

MAL ANDERS **Keine Portobello-Pilze gefunden? Nehmen Sie einfach 10 große Champignons oder Egerlinge. Mit den Stielen dann 2 Pilze hacken.**

Tomaten-Tarte

Dinkelmehl Type 630, 150 g
Olivenöl 6 EL
Tomaten vollreif, 5
Schafskäse (Feta) 250 g
Basilikum 1 kleines Bund

\+ Salz, Pfeffer

Für 4 Personen
Zubereitungszeit: 30 Min.
Kühlzeit (Teig): 30 Min.
Backzeit: 40 Min.
Pro Portion: ca. 425 kcal, 16 g E, 27 g F, 28 g KH

Das Mehl und 1 gute Prise Salz in einer Schüssel vermischen. 4 EL Olivenöl hinzufügen und alles mit den Fingerspitzen zerreiben, bis Streusel entstehen. Ca. 6 EL kaltes Wasser dazugeben. Alles rasch zu einem glatten Teig verkneten.

Den Teig 3–4 mm dick und rund ausrollen und eine Tarteform von (ca. 22 cm Ø) damit auskleiden. Zugedeckt ca. 30 Min. im Kühlschrank ruhen lassen.

Die Tomaten waschen und ohne die Stielansätze in ca. 6 mm dünne Scheiben schneiden. Den Schafskäse in einer Schüssel zerdrücken und mit 1 EL Öl vermischen. Das Basilikum waschen und trocken schütteln. Die Blättchen grob hacken und unter den Käse mischen.

Den Backofen auf 180° Umluft vorheizen. (Ober-/Unterhitze ist hier nicht so gut geeignet). Die Schafskäse-Mischung auf dem gekühlten Teigboden verteilen und mit den Tomatenscheiben dekorativ bedecken. Mit etwas Pfeffer bestreuen und mit dem restlichen Olivenöl beträufeln.

Die Tarte im heißen Ofen (unten) 30–40 Min. backen, bis der Teig goldbraun und knusprig ist. Die Tomaten-Tarte heiß oder lauwarm servieren.

INFO **Wenn Ihr Backofen nicht über Umluft verfügt, sollten Sie den Teig zuerst ca. 15 Min. vorbacken, so wird er schön knusprig.**

Lauch-Pie

Mehl 250 g + Mehl zum Arbeiten
Butter 190 g + Butter für die Form
Lauch 1,3 kg
Eigelb (M) 4
Sahne 3 EL

\+ Salz, Pfeffer

Für 6 Personen
Zubereitungszeit: 50 Min.
Backzeit: 40 Min.
Pro Portion: ca. 685 kcal, 14 g E, 47 g F, 51 g KH

Das Mehl mit 1 Prise Salz in einer Schüssel vermischen. 150 g Butter klein würfeln und hinzufügen. Alles mit den Fingerspitzen zerreiben, bis Streusel entstehen. 3–4 EL kaltes Wasser dazugeben und alles rasch zu einem glatten Teig verkneten. Den Teig zu einer Kugel rollen und zugedeckt ca. 30 Min. im Kühlschrank ruhen lassen.

Inzwischen den Lauch putzen, dabei den dunkelgrünen Teil der Blätter entfernen (für eine Suppe verwenden). Den Lauch längs halbieren und gründlich waschen. Die Lauchhälften gut abtropfen lassen und quer in Streifen schneiden.

Die übrige Butter erhitzen. Die Lauchstreifen darin ca. 15 Min. bei kleiner bis mittlerer Hitze andünsten. Lauch mit Salz und Pfeffer kräftig würzen und etwas abkühlen lassen.

Den Backofen auf 210° vorheizen. Eine ca. 5 cm hohe, runde Form (ca. 23 cm Ø) mit Butter ausstreichen. Zwei Drittel des Teiges ca. 3 mm dünn auf einer bemehlten Arbeitsfläche ausrollen und die Form damit auskleiden. 3 Eigelbe mit der Sahne verquirlen und mit dem Lauch vermischen. Die Eigelb-Lauch-Mischung auf dem Teigboden verteilen.

Den übrigen Teig in Formgröße ausrollen, auf den Pie legen und die Teigränder gut zusammenpressen. Mit einem kleinen, spitzen Messer den Teigdeckel nach Belieben dekorativ einritzen. Eine kleine, runde Öffnung in die Mitte stechen, damit der Dampf entweichen kann.

Das restliche Eigelb mit 1 TL Wasser verquirlen. Lauch-Pie damit bestreichen und in 35–40 Min. im heißen Ofen (Mitte) goldgelb backen. Warm servieren.

Eier aus dem Ofen

Tomaten groß, vollreif, 4
Olivenöl 1 EL
Knoblauchzehe 1
Kapern 1 EL
Eier (L) 4

+ Salz, Pfeffer

Für 4 Personen
Zubereitungszeit: 35 Min.
Pro Portion: ca. 140 kcal,
9 g E, 10 g F, 3 g KH

Die Tomaten überbrühen und häuten. Dann die Tomaten entkernen und ohne die Stielansätze grob hacken. Das Olivenöl in einem kleinen Topf erhitzen. Die gehackten Tomaten darin bei kleiner bis mittlerer Hitze andünsten.

Den Knoblauch schälen, durch die Presse drücken und mit den Kapern zu den Tomaten geben. Alles mit Salz und Pfeffer würzen und unter regelmäßigem Rühren ca. 10 Min. bei kleiner Hitze köcheln lassen, bis die Flüssigkeit verdampft ist. Dann die Tomaten-Coulis lauwarm abkühlen lassen.

Inzwischen 1,5 l Wasser für ein Wasserbad erhitzen. Den Backofen auf 225° vorheizen. Tomaten-Coulis auf vier kleine ofenfeste Förmchen (7–8 cm Ø) oder Gläser verteilen. Je 1 Ei daraufgeben.

Die Förmchen in eine größere, ofenfeste Form stellen. Kochendes Wasser bis auf halbe Höhe der Förmchen in die größere Form gießen. Die große Form mit den Förmchen in den heißen Ofen (unten) geben und die Eier ca. 8 Min. garen. Das Eiweiß soll jeweils gestockt, das Eigelb aber noch flüssig sein. Sofort servieren.

NOCH EINFACHER **Im Winter nehmen Sie für dieses Gericht besser stückige Tomaten aus der Dose statt der wenig aromatischen Treibhaustomaten.**

Tofu Teriyaki

Ingwer 1 Stück (ca. 3 cm lang)
Knoblauchzehe groß, 1
Sojasauce 4 EL
Mirin (Reiswein) 6 EL
Tofu 500 g

\+ 1 EL Öl

Für 4 Personen
Zubereitungszeit: 15 Min.
Marinierzeit: 20 Min.
Pro Portion: ca. 210 kcal, 14 g E, 11 g F, 11 g KH

Für die Teriyaki-Sauce den Ingwer schälen und fein in eine Schüssel reiben. Knoblauch schälen und durch die Presse dazudrücken. Geriebenen Ingwer und Knoblauch mit der Sojasauce und dem Mirin-Reiswein verrühren.

Den Tofu in große Würfel schneiden, in der Teriyaki-Sauce wenden und ca. 20 Min. im Kühlschrank marinieren lassen.

Das Öl in einer Pfanne erhitzen. Die Tofuwürfel gut abtropfen lassen, dabei die Marinade auffangen. Tofuwürfel in dem heißen Öl bei mittlerer Hitze in 7–8 Min. von allen Seiten goldbraun anbraten. Die Marinade dazugeben, gut umrühren und ca. 1 Min. einkochen lassen, bis der Tofu leicht karamellisiert. Tofu Teriyaki zu Reis oder Gemüse reichen.

INFO **Hier verwenden Sie am besten Tamari, die traditionelle japanische Sojasauce, die nur aus fermentierten Sojabohnen hergestellt wird und ohne Zugabe von Getreide. Sie hat einen intensiven Geschmack. Tamari-Sauce bekommen Sie – wie auch Mirin – im Bio- und Asienladen.**

Zucchini-Crumble

Mehl 180 g
Olivenöl 8 EL
Zucchini 5 (ca. 1 kg)
Basilikum 1 Bund
Ziegenfrischkäse 200 g

\+ Salz, Pfeffer

Für 4 Personen
Zubereitungszeit: 20 Min.
Kühlzeit: 30 Min.
Backzeit: 25 Min.
Pro Portion: ca. 510 kcal,
16 g E, 32 g F, 38 g KH

Das Mehl mit ½ TL Salz in einer Schüssel vermischen. 7 EL Olivenöl dazugeben und mit dem Mehl zu kleinen Streuseln verarbeiten. Die Teig-Streusel ca. 30 Min. im Kühlschrank ruhen lassen.

Die Zucchini putzen, waschen und in ca. 1,5 cm große Würfel schneiden. Das restliche Olivenöl in einer Pfanne erhitzen. Die Zucchiniwürfel darin bei großer Hitze 4–5 Min. von allen Seiten anbraten, bis sie leicht Farbe bekommen. Mit Salz und Pfeffer würzen und abkühlen lassen.

Den Backofen auf 220° vorheizen. Das Basilikum waschen und trocken schütteln. Die Blättchen grob zerzupfen.

Den Ziegenkäse zerbröckeln und mit dem Basilikum zu den Zucchiniwürfeln geben. Alles mischen und in eine ofenfeste Form geben. Die Teig-Streusel darauf verteilen. Den Zucchini-Crumble im heißen Ofen (unten) in 20–25 Min. goldbraun backen und nach Belieben heiß oder lauwarm servieren.

INFO **Am besten geeignet für dieses Rezept ist ganz frischer, nur kurz gereifter Ziegenkäse, wie man ihn auf dem Markt bekommt, oder auch Ziegenkäse in Salzlake (z. B. türkischer). In diesem Fall aber weder die Teig-Streusel noch die Zucchini salzen.**

Gefüllte Zwiebeln

rote Zwiebeln groß, 8
Bulgur grob, 50 g
Olivenöl 4 EL
Basilikumtofu 200 g
Pinienkerne 40 g

\+ Salz, Pfeffer

Für 4 Personen
Zubereitungszeit: 30 Min.
Backzeit: 40 Min.
Pro Portion: ca. 330 kcal, 12 g E, 21 g F, 20 g KH

2–3 l Wasser mit ½ TL Salz zum Kochen bringen. Die Zwiebeln schälen. Am oberen Ende jeweils ein kleines »Hütchen« abschneiden und beiseitelegen. Die Zwiebeln vorsichtig mit einem kleinen Löffel aushöhlen, das ausgehöhlte Innere der Zwiebeln ebenfalls beiseitelegen.

Die ausgehöhlten Zwiebeln in das kochende Salzwasser geben und ca. 5 Min. bei kleiner Hitze sanft garen. Dann in ein Sieb abgießen, abtropfen und etwas abkühlen lassen.

100 ml Wasser zum Kochen bringen. Den Bulgur hinzugeben und ca. 2 Min. köcheln lassen. Dann vom Herd nehmen und ca. 15 Min. zugedeckt quellen lassen, bis das Wasser aufgesogen ist.

Inzwischen das ausgehöhlte Innere der Zwiebeln hacken und in 1 EL Olivenöl ca. 5 Min. bei kleiner Hitze andünsten.

Den Basilikumtofu mit 2–3 EL Wasser und 1 EL Olivenöl im Standmixer oder in einem hohen Rührbecher mit dem Pürierstab cremig pürieren.

Tofucreme, gedünstete Zwiebeln, Pinienkerne sowie etwas Salz und Pfeffer unter den gegarten Bulgur mischen.

Den Backofen auf 170° vorheizen. Eine ofenfeste Form mit wenig Öl bepinseln. Die ausgehöhlten Zwiebeln mit der Bulgurmischung füllen und nebeneinander in die Form setzen (falls nötig, die Zwiebeln an der Unterseite gerade schneiden). Das übrige Öl über die gefüllten Zwiebeln träufeln, die »Hütchen« aufsetzen und 4 EL Wasser in die Form geben.

Die Zwiebeln 30–40 Min. im heißen Ofen (unten) backen, dabei regelmäßig mit dem Bratsaft begießen. Die gefüllten Zwiebeln heiß servieren.

Gemüse-Wok mit Auberginen

Auberginen vollreif, 400 g
Ingwer 1 Stück (ca. 3 cm lang)
Shiitake-Pilze 250 g
Möhren 2
Sojasauce 4 EL

\+ 2 EL Öl, Salz, Pfeffer

Für 4 Personen
Zubereitungszeit: 30 Min.
Pro Portion: ca. 130 kcal, 5 g E, 7 g F, 12 g KH

Die Auberginen putzen, waschen und längs halbieren, dann quer in ca. 1 cm dicke, halbrunde Scheiben schneiden.

Den Ingwer schälen und fein reiben. Die Shiitake-Pilze putzen und, falls nötig, mit einem Tuch abwischen, die Stiele entfernen. Die Pilze je nach Größe halbieren oder vierteln. Die Möhren schälen und in sehr feine Stifte schneiden.

Gut 1 EL Öl in einem Wok erhitzen und die Auberginenscheiben darin in ca. 5 Min. bei mittlerer bis großer Hitze von beiden Seiten goldbraun anbraten. Aus dem Wok nehmen. Beiseitestellen.

Die Möhren in den Wok geben und bei kleinerer Hitze 3–4 Min. andünsten. Übriges Öl, Ingwer und Pilze hinzufügen und alles 5–6 Min. bei mittlerer Hitze andünsten, bis das Wasser verdampft ist.

Die Auberginen wieder in den Wok geben, alles mit der Sojasauce ablöschen und gut umrühren. Gemüse mit Salz und Pfeffer, falls nötig, abschmecken und sofort servieren. Reis dazu reichen.

MAL ANDERS **Fast alle Gemüsesorten lassen sich im Handumdrehen im Wok zubereiten. Eine feine Kombination in der Winterzeit: Kohl und Kürbis. Das Gemüse jeweils in Streifen oder kleine Würfel schneiden.**

Linsen mit Räuchertofu

Zwiebel 1
Möhren 2
Puy-Linsen 250 g
Räuchertofu 500 g
Miso-Paste 1 EL

\+ 2 EL Öl, Pfeffer

Für 4 Personen
Zubereitungszeit: 15 Min.
Garzeit: 30 Min.
Pro Portion: ca. 460 kcal, 36 g E, 17 g F, 41 g KH

Die Zwiebel schälen und fein hacken. Die Möhren schälen und in nicht zu dünne Scheiben schneiden.

1 EL Öl in einem Schmortopf erhitzen. Gehackte Zwiebel und Möhrenscheiben darin ca. 5 Min. andünsten. Die Linsen hinzufügen und ca. 2 Min. mitdünsten, dabei umrühren. Alles knapp mit Wasser bedecken und 25–30 Min. zugedeckt bei kleiner Hitze köcheln lassen. Die Linsen sollen gar sein, aber nicht zerfallen. Falls nötig, noch etwas Wasser dazugießen.

Den Räuchertofu in fingerdicke Scheiben schneiden und in dem restlichen Öl bei mittlerer bis großer Hitze in ca. 5 Min. von beiden Seiten goldbraun braten.

Die Misopaste mit etwas warmem Wasser verrühren und unter die gegarten Linsen und Möhren mischen. Alles mit Pfeffer abschmecken. Die gebratenen Räuchertofuscheiben auf die Linsen geben und alles heiß servieren.

INFO **Miso ist eine sehr würzige und salzige japanische Paste, die aus fermentierten Sojabohnen und Getreide hergestellt wird. Sie ersetzt das Salz. Je dunkler die Farbe, desto ausgeprägter der Geschmack. Nicht pasteurisiertes Miso enthält wertvolle Enzyme, Vitamine und andere Inhaltstoffe – erst zum Schluss dazugeben und nicht mehr kochen lassen!**

Grünkern-Bratlinge mit Pilzen und Möhren

Grünkernschrot grob, 200 g
Champignons 200 g
Möhre 1
Frühlingszwiebeln 4
Eier (M) 2

+ Salz, Pfeffer, 2 EL Öl

Für 4 Personen
Zubereitungszeit: 30 Min.
Pro Portion: ca. 270 kcal, 12 g E, 10 g F, 34 g KH

In einem Topf 400 ml Wasser mit etwas Salz und Pfeffer zum Kochen bringen. Grünkernschrot hinzufügen und unter Rühren ca. 3 Min. (nach Packungsanweisung) bei kleiner Hitze garen, bis das Wasser aufgesogen ist. Vom Herd nehmen und zugedeckt noch weitere 15 Min. quellen lassen.

Inzwischen die Champignons putzen und, falls nötig, mit einem Tuch abwischen, sandige oder schadhafte Stiele abschneiden. ½ EL Öl in einer beschichteten Pfanne erhitzen. Die Champignons grob hacken und darin in 5–6 Min. bei mittlerer Hitze hell anbraten.

Parallel dazu die Möhre schälen und auf der Gemüsereibe raspeln. Die Frühlingszwiebeln putzen, waschen und mit dem Grün in feine Ringe schneiden.

Den gequollenen Grünkernschrot mit den Pilzen, Möhrenraspeln, Frühlingszwiebelringen und den Eiern sowie etwas Salz und Pfeffer in eine Schüssel geben und zu einer homogenen Masse vermischen. Mit leicht angefeuchteten Händen acht Bratlinge aus der Masse formen.

Das übrige Öl in einer großen beschichteten Pfanne erhitzen. Die Grünkern-Bratlinge darin bei mittlerer Hitze in 3–4 Min. auf jeder Seite goldbraun braten und heiß servieren.

MAL ANDERS **In der Pilzsaison im Spätsommer oder Herbst die Champignons durch Pfifferlinge, Steinpilze oder andere frische (selbst gesuchte) Wildpilze ersetzen. Rund ums Jahr können Sie statt Champignons Zuchtpilze wie Shiitake, Kräuterseitlinge oder Austernpilze verwenden.**

Polenta-Gratin mit Tomatensauce

Parmesan 100 g
Instant-Polenta 300 g
Knoblauchzehen 3
Dosentomaten 800 g
Basilikum 1 Bund

+ 2 EL Öl, Salz, Pfeffer

Für 4 Personen
Zubereitungszeit: 30 Min.
Pro Portion: ca. 515 kcal, 20 g E, 13 g F, 79 g KH

Den Parmesan reiben. In einem großen Topf 1,2 l Wasser (s. Mengenangabe auf der Packung!) zum Kochen bringen, die Polenta einrühren und bei kleiner Hitze in 2–3 Min. unter ständigem Rühren nach Packungsanweisung zubereiten.

Den Polentabrei mit 1 EL Öl und 70 g Parmesan verrühren, mit Salz und Pfeffer abschmecken. Eine Auflaufform mit wenig Öl bepinseln. Die Polenta hineingeben, glatt streichen und mit dem restlichen Parmesan bestreuen.

Den Knoblauch schälen und fein hacken. Die Tomaten mit der Flüssigkeit, dem Knoblauch, dem restlichen Öl sowie etwas Salz und Pfeffer in einen zweiten Topf geben und zugedeckt ca. 15 Min. bei kleiner Hitze köcheln lassen.

Inzwischen den Backofengrill oder den Backofen auf höchste Stufe vorheizen. Das Basilikum waschen und trocken schütteln. Die Blättchen fein schneiden. Die fertige Tomatensauce grob pürieren, das Basilikum untermischen.

Die vorbereitete Polenta im heißen Ofen (Mitte) in ca. 10 Min. goldbraun gratinieren. Mit der Tomatensauce servieren.

INFO **Verwenden Sie am besten Olivenöl. Damit schmecken Polenta-Gratin und Tomatensauce noch intensiver.**

Grüne Gnocchi mit Roquefortsahne

Kartoffeln mehligkochend, 800 g
Roquefort 100 g
Sahne 250 g
Blattspinat 250 g
Mehl 250 g + Mehl zum Arbeiten

\+ Salz, Pfeffer, 1 EL Butter

Für 4 Personen
Zubereitungszeit: 1 Std. 15 Min.
Pro Portion: ca. 665 kcal, 19 g E, 32 g F, 75 g KH

Die Kartoffeln waschen und mit der Schale in wenig Salzwasser in 25–30 Min. weich kochen.

Inzwischen den Roquefort zerkleinern und mit der Sahne und etwas Pfeffer in einen Topf geben. Die Sahne aufkochen, dann alles bei kleiner Hitze 8–10 Min. köcheln lassen, bis der Käse geschmolzen ist. Die Sauce beiseitestellen.

Den Spinat waschen. Dicke Stiele entfernen. Die Butter in einer Pfanne erhitzen und die Spinatblätter darin 2–3 Min. garen, bis sie zusammenfallen. Spinat abkühlen lassen und fein hacken.

Die gegarten Kartoffeln abgießen, pellen und noch heiß durch die Presse drücken. Gehackten Spinat, 1 ½ TL Salz und das Mehl dazugeben und zu einem geschmeidigen Teig verarbeiten. (Den Teig nur kurz kneten, sonst wird er klebrig.) Falls nötig, noch etwas Mehl dazugeben.

Kleine Mengen Teig auf einer bemehlten Arbeitsfläche jeweils zu fingerdicken Röllchen formen und diese in 2–3 cm lange Stücke teilen. Die Gnocchi über eine umgedrehte Gabel rollen und auf ein bemehltes Brett geben.

Inzwischen reichlich Wasser in einem großen Topf zum Kochen bringen, 1 TL Salz hinzufügen. Die Käsesauce nochmals unter Rühren erwärmen.

Die Gnocchi in das kochende Wasser gleiten lassen, gut umrühren und bei kleiner Hitze ziehen lassen, bis sie an die Oberfläche steigen. Dann die Gnocchi herausheben, in eine Schüssel geben und sofort mit der Käsesauce servieren.

Meeres-Spaghetti mit Tomaten

Tomaten vollreif, 5
Schalotten 2
Petersilie 1 kleines Bund
Kapern 2 EL
Meeres-Spaghetti getrocknet, 100 g

\+ 2 EL Öl, Pfeffer

Für 4 Personen
Zubereitungszeit: 30 Min.
Pro Portion: ca. 110 kcal, 4 g E, 3 g F, 11 g KH

Die Tomaten überbrühen, häuten, entkernen und ohne die Stielansätze in Würfel schneiden. Schalotten schälen und fein hacken. Die Petersilie waschen und trocken schütteln. Die Blättchen ebenfalls fein schneiden.

1 EL Öl in einem kleinen Topf erhitzen und die Schalotten ca. 3 Min. darin andünsten. Tomatenwürfel dazugeben und ca. 2 Min. mitdünsten. Die Kapern, etwas Pfeffer sowie 50 ml Wasser hinzufügen und alles noch ca. 5 Min. köcheln lassen. Das restliche Öl und die Petersilie untermischen. Die Sauce abschmecken und, falls nötig, noch etwas warm halten.

Inzwischen reichlich Wasser in einem großen Topf zum Kochen bringen. Die Meeres-Spaghetti dazugeben und 5–10 Min. nach Packungsanweisung garen, sie sollen noch etwas Biss haben.

Die Meeres-Spaghetti abgießen, in einer Schüssel mit der Tomatensauce vermischen und sofort servieren. Nach Belieben noch frisches Brot dazu reichen.

EINKAUFSTIPP **Meeres-Spaghetti sind sehr nährstoffreiche Braunalgen (»Himanthalia elongata«), die von der Form her Spaghetti oder Tagliatelle ähneln. Meistens werden sie getrocknet angeboten. Frische Meeres-Spaghetti zunächst zum Entsalzen 3–4 Min. in kaltem Wasser einweichen und dann abtropfen lassen. Die Algen anschließend in 1–2 Min. al dente garen.**

Gäste und Feste

138 Orangen-Möhren-Salat
140 Blumenkohlcreme
142 Arabische Erbsensuppe
144 Käse-Soufflé
146 Hackfleisch-Leber-Terrine
148 Quiche Lorraine
150 Provenzalische Spinat-Tarte
152 Graved Lachs
154 Thunfisch-Tatar
156 Spaghetti mit Venusmuscheln
158 Garnelen asiatisch
160 Gefüllte Sardinen
162 Miesmuscheln à la Crème
164 Jakobsmuscheln aus dem Papier
166 Lachs in Sauerampfersauce
168 Gebackener Steinbutt
170 Dattel-Lamm-Tajine
172 Geschmortes Kaninchen
174 Gefüllte Ente
176 Zitronen-Hähnchen
178 Lamm-Curry

GÄSTE UND FESTE

Orientalischer Orangen-Möhren-Salat

Möhren 5
Orangen groß, 4
rote Zwiebel 1
Orangenblütenwasser 3 EL
Koriandergrün 1 Bund

\+ Salz

Für 4 Personen
Zubereitungszeit: 25 Min.
Kühlzeit: 2 Std.
Pro Portion: ca. 80 kcal, 2 g E, 0 g F, 16 g KH

Die Möhren schälen, in feine Scheibchen schneiden. Auf einem Dämpfeinsatz über wenig köchelndem Wasser in 7–8 Min. zugedeckt leicht bissfest dampfgaren, dann abkühlen lassen.

3 Orangen rundherum mit einem scharfen Küchenmesser großzügig schälen, sodass auch die dünne weiße Haut entfernt wird. Die Orangen quer in dünne Scheiben schneiden. Die Zwiebel schälen und in feine Ringe schneiden.

Die übrige Orange auspressen, den Saft mit dem Orangenblütenwasser und etwas Salz in einer Schüssel zu einem Dressing verrühren. Die Möhren- und Orangenscheiben dazugeben. Den Koriander waschen und trocken schütteln. Die Blättchen bis auf einen kleinen Rest hacken und dazugeben.

Alles gut mischen und den Salat vor dem Servieren ca. 2 Std. im Kühlschrank ruhen lassen. Mit restlichen Korianderblättchen bestreut servieren.

MAL ANDERS **Sie können die Orangen- und Möhrenscheiben mit den Zwiebelringen auch dekorativ auf einer großen Platte auslegen, das Dressing darüberträufeln und den Koriander vor dem Servieren darüberstreuen. Der Salat schmeckt dann aber weniger intensiv.**

Blumenkohlcreme mit Sternanis

Blumenkohl klein, 1 (ca. 1 kg)
Sternanis 3
Hühnerbrühe 1 l
Crème fraîche 125 g
Kerbel 1 kleine Handvoll

\+ Salz, Pfeffer

Für 4 Personen
Zubereitungszeit: 35 Min.
Pro Portion: ca. 150 kcal, 3 g E, 13 g F, 5 g KH

Den Blumenkohl putzen, die Blätter und dicken Stiele entfernen. Den Blumenkohl in Röschen zerteilen.

Die Blumenkohlröschen mit dem Sternanis in einen Topf geben. Die Hühnerbrühe dazugießen und zum Kochen bringen. Alles zugedeckt ca. 15 Min. bei kleiner Hitze garen, der Blumenkohl soll noch leicht Biss haben.

Den Sternanis aus dem Topf nehmen. Die Hälfte der Brühe aus dem Topf schöpfen und beiseitestellen. Die Crème fraîche zu dem Blumenkohl geben und alles mit dem Pürierstab pürieren. Wenn die Suppe zu dickflüssig ist, wieder etwas Brühe dazugießen.

Den Kerbel waschen, trocken schütteln und fein schneiden. Die Blumenkohlcreme mit Salz und Pfeffer abschmecken. Mit Kerbel bestreut servieren.

MAL ANDERS **Kerbel gibt es vor allem im Frühling und Frühsommer. Wenn Sie keinen bekommen, nehmen Sie einfach Schnittlauch oder Petersilie. Diese Kräuter harmonieren ebenfalls mit Sternanis.**

Arabische Erbsensuppe

Knoblauchzehen 3
Olivenöl 2 EL
Kreuzkümmel gemahlen, 2 TL
Schälerbsen halbiert, getrocknet, 300 g
Zitrone 1

\+ Salz, Pfeffer

Für 4 Personen
Zubereitungszeit: 10 Min.
Garzeit: 40 Min.
Pro Portion: ca. 220 kcal, 14 g E, 6 g F, 26 g KH

Den Knoblauch schälen und fein hacken. Das Olivenöl in einem Schmortopf erhitzen und den Knoblauch darin mit 1 TL Kreuzkümmel 1–2 Min. bei kleiner Hitze andünsten.

Die Schälerbsen dazugeben und alles umrühren. 1 l Wasser angießen und aufkochen. Alles zugedeckt ca. 40 Min. köcheln lassen, bis die Schälerbsen zerfallen.

Die Zitrone auspressen. Die gegarte Suppe nach Belieben pürieren und mit etwas Salz, Pfeffer und dem Zitronensaft abschmecken. Die Erbsensuppe heiß mit restlichem Kreuzkümmel bestreut servieren. Nach Belieben frisches Fladenbrot und noch etwas Olivenöl zum Beträufeln dazu reichen.

INFO **Erbsen sollten – wie alle Hülsenfrüchte – erst am Ende der Garzeit gesalzen werden. Sonst kann es passieren, dass sie hart bleiben. Denn Salz bremst den Garprozess.**

Käse-Soufflé

Butter weich, 4 EL + Butter für die Form
Mehl 40 g + Mehl zum Bestreuen
Roquefort 200 g
Eier (M) 5
Milch 250 ml

\+ Salz, Pfeffer

Für 4 Personen
Zubereitungszeit: 20 Min.
Garzeit: 30 Min.
Pro Portion: ca. 450 kcal, 21 g E, 35 g F, 13 g KH

Vier ofenfeste Förmchen sorgfältig mit Butter ausstreichen und etwas Mehl bestreuen, dann kühl stellen. Den Roquefort mit einer Gabel zerkrümeln.

Die Eier trennen. Für dieses Gericht brauchen Sie 3 Eigelb. Die beiden restlichen Eigelbe zugedeckt kühl stellen und bald für ein anderes Gericht verwenden, z. B. für den Lauch-Pie (Seite 114).

4 EL Butter erhitzen, 40 g Mehl dazugeben und bei kleiner bis mittlerer Hitze ca. 2 Min. anschwitzen. Nach und nach die Milch dazugießen, dabei ständig mit dem Schneebesen umrühren, um Klümpchen zu vermeiden.

Die Béchamel 1–2 Min. unter Rühren köcheln lassen, mit etwas Salz und Pfeffer würzen und vom Herd ziehen. Dann sofort die 3 Eigelbe nacheinander unterrühren, den Roquefort untermischen und alles abkühlen lassen.

Den Backofen auf 210° vorheizen. (Umluft ist hier nicht geeignet!) Die 5 Eiweiße mit 1 Prise Salz zu festem Schnee schlagen. Ein Viertel davon mit einem Schneebesen unter die Käse-Béchamel mischen. Den übrigen Eischnee mit einem Spatel vorsichtig unterheben.

Den Teig in die Förmchen füllen, bis maximal 1 cm unter den Rand. Die Ofentemperatur auf 180° herunterschalten. Die Käse-Soufflés im heißen Ofen (unten) 15–20 Min. backen. Zwischendurch keinesfalls die Ofentür öffnen! Die Käse-Soufflés sofort servieren.

Hackfleisch-Leber-Terrine

Geflügelleber 400 g
Schalotten groß, 2
Salbeiblätter 8
Hackfleisch vom Schwein, 300 g
Ei (M) 1

+ 2 EL Butter, Salz, Pfeffer

Für 6 Personen
Zubereitungszeit: 30 Min.
Garzeit: 1 Std. 45 Min.
Abkühlzeit: 2 Std.
Kühlzeit: 24 Std.
Pro Portion: ca. 395 kcal, 37 g E, 26 g F, 2 g KH

Die Geflügelleber putzen und in große Stücke schneiden. Die Schalotten schälen und fein hacken. Die Salbeiblätter waschen und trocken tupfen. 4 Salbeiblätter sehr fein hacken.

1 EL Butter in einer Pfanne erhitzen. Die Leberstücke und die Schalotten dazugeben und bei mittlerer bis großer Hitze kurz von allen Seiten anbraten. In eine Schüssel geben und abkühlen lassen.

Hackfleisch, Ei und gehackten Salbei hinzufügen. Alles kräftig mit Salz und Pfeffer würzen und gut vermischen.

Den Backofen auf 180° vorheizen. 1,5 l Wasser zum Kochen bringen. Eine ofenfeste Kastenform (am besten aus Keramik oder Steingut) mit der übrigen Butter ausstreichen. Die Hackfleisch-Leber-Mischung hineingeben und glatt streichen. Die übrigen Salbeiblätter darauflegen und etwas andrücken.

Die Kastenform mit einem Deckel oder Backpapier verschließen und in eine größere Auflaufform stellen. Die Form mit dem kochenden Wasser füllen, sodass die Kastenform etwa zur Hälfte im Wasser steht. Die Terrine ca. 1 Std. 45 Min. im heißen Ofen (unten) garen.

Die fertige Hackfleisch-Leber-Terrine aus dem Ofen nehmen und ca. 2 Std. im Wasserbad abkühlen lassen, dann mindestens 24 Std. im Kühlschrank ruhen lassen. Frisches Brot dazu reichen.

Quiche Lorraine

Mehl 150 g + Mehl zum Arbeiten
Butter 75 g
Räucherspeck durchwachsen, 250 g
Eier (M) 4
Crème fraîche 200 g

\+ Salz, Pfeffer

Für 6 Personen
Zubereitungszeit: 20 Min.
Kühlzeit (Teig): 30 Min.
Backzeit: 40 Min.
Pro Portion: ca. 630 kcal, 12 g E, 55 g F, 21 g KH

Das Mehl mit 1 Prise Salz in einer Schüssel vermischen. Die Butter würfeln und hinzufügen. Alles mit den Fingerspitzen zerreiben, bis Streusel entstehen. 3–4 EL kaltes Wasser dazugeben und alles rasch zu einem glatten Teig verkneten.

Den Teig auf einer leicht bemehlten Arbeitsfläche ca. 3 mm dick und rund ausrollen. Eine Tarteform (ca. 22 cm Ø) damit auslegen. Den Teig zugedeckt ca. 30 Min. im Kühlschrank ruhen lassen.

Den Backofen auf 210° Umluft vorheizen. (Ober-/Unterhitze ist hier nicht gut geeignet). Den Räucherspeck von Knorpel und Schwarte befreien und in kleine Stücke schneiden. Die Speckstücke in einer Pfanne ohne Fett bei kleiner Hitze ca. 3 Min. anschwitzen. Die Hitze etwas erhöhen und den Speck leicht anbraten, dann abkühlen lassen.

Die Eier in einer Schüssel verquirlen. Die Crème fraîche, wenig Salz und etwas Pfeffer dazugeben. Alles gut vermischen.

Die abgekühlten Speckstücke auf dem gekühlten Teigboden verteilen. Die Eiermasse auf den Speck geben und die Quiche in 30–40 Min. im heißen Ofen (unten) goldbraun backen. Falls sie zu stark bräunt, die Quiche mit Alufolie locker abdecken. Heiß oder kalt servieren.

INFO **Wenn Ihr Backofen nicht über Umluft verfügt, sollten Sie den Teig zuerst, mit Backpapier bedeckt und mit Hülsenfrüchten beschwert, ca. 15 Min. vorbacken, so wird er schön knusprig. Dann den Belag auf den Teig geben und die Quiche weitere 25 Min. backen.**

Provenzalische Spinat-Tarte

Mehl 150 g + Mehl zum Arbeiten
Olivenöl 8 EL
Rosinen 90 g
Blattspinat 1 kg
Pinienkerne 120 g

\+ Salz, Pfeffer

Für 6 Personen
Zubereitungszeit: 25 Min.
Kühlzeit (Teig): 30 Min.
Backzeit: 40 Min.
Pro Portion: ca. 435 kcal, 10 g E, 27 g F, 37 g KH

Das Mehl mit 1 Prise Salz in einer Schüssel vermischen. 4 EL Olivenöl hinzufügen. Alles mit den Fingerspitzen zerreiben, bis Streusel entstehen. Ca. 6 EL kaltes Wasser dazugeben und alles rasch zu einem glatten Teig verkneten.

Eine Tarteform (ca. 22 cm Ø) mit 1 EL Olivenöl bepinseln. Den Teig auf einer leicht bemehlten Arbeitsfläche ca. 3 mm dünn und rund ausrollen und in die Form drücken. Zugedeckt ca. 30 Min. im Kühlschrank ruhen lassen. Inzwischen die Rosinen in einem mit warmem Wasser gefüllten Schälchen quellen lassen.

Den Spinat waschen und abtropfen lassen. Dicke Stiele entfernen. Die Spinatblätter grob schneiden.

1 ½ EL Öl in einem großen Schmortopf erhitzen. Die Pinienkerne darin bei mittlerer Hitze leicht anbräunen. Die Rosinen abtropfen lassen, zu den Pinienkernen geben und bei kleinerer Hitze ca. 2 Min. andünsten, dabei umrühren. Den Spinat in den Topf geben und 5–10 Min. mit andünsten, bis er zusammenfällt. Spinat mit Salz und Pfeffer abschmecken, vom Herd ziehen und abkühlen lassen. Den Backofen auf 200° vorheizen.

Den gekühlten Teig mit Backpapier bedecken, mit getrockneten Hülsenfrüchten beschweren und ca. 15 Min. im heißen Ofen (unten) vorbacken. Dann Backpapier und Hülsenfrüchte entfernen.

Die Spinatmasse auf dem vorgebackenen Teigboden verteilen und mit dem restlichen Olivenöl beträufeln. Die Spinat-Tarte im heißen Ofen (unten) in ca. 15 Min. goldbraun backen und warm oder kalt servieren.

Graved Lachs

Dill 1 großes Bund
Pfefferkörner 2TL
Kristallzucker 50 g
grobes Meersalz 50 g
Lachsfilets mit Haut, 2 (à 400 g)

Für 6 Personen
Zubereitungszeit: 15 Min.
Marinierzeit: 3 Tage
Pro Portion: ca. 305 kcal, 27 g E, 18 g F, 8 g KH

Den Dill waschen und trocken schütteln. Die Spitzen grob hacken. Die Pfefferkörner in einem Mörser grob zerstoßen und mit Dill, Kristallzucker und Meersalz in einem Schälchen gut vermischen.

Die Lachsfilets abbrausen, trocken tupfen und von eventuell verbliebenen Gräten befreien. Dazu mit dem Finger über die Filets streichen und aufgespürte Gräten mit einer Pinzette entfernen.

1 Lachsfilet mit der Haut nach unten in eine Glas- oder Porzellanschale (Plastik und Metall vermeiden) von etwa gleicher Größe legen. Die Dill-Mischung als dicke Schicht gleichmäßig auf dem Filet verteilen und mit dem zweiten Lachsfilet, Haut nach oben, bedecken.

Die Lachsfilets mit einem großen Teller abdecken und mit einem Gewicht (z. B. einer Konservendose) beschweren, um die Filets zusammenzupressen. Die Filets 3 Tage im Kühlschrank ruhen lassen und dabei alle 12 Std. wenden.

Danach die Beizflüssigkeit abgießen, die Lachsfilets auseinandernehmen und die Dill-Mischung mit einem Küchenmesser abschaben. Den Graved Lachs schräg in hauchdünne Scheiben schneiden und z. B. mit Meerrettich servieren.

EINKAUFSTIPP **Hier brauchen Sie das Mittelstück von einem ganzen Lachs. Am besten bestellen Sie es bei Ihrem Fischhändler vor und bitten ihn, die Filets von der Mittelgräte abzulösen. Forelle oder Makrele können Sie ebenfalls à la Graved Lachs zubereiten. Wichtig ist, dass die Fische groß sind, damit die Filets dick genug werden.**

Thunfisch-Tatar

Thunfischfilet ohne Haut, 600 g
Schalotten 2
Zitronensaft 2 EL
Basilikumöl ätherisches, 2 Tropfen
Olivenöl extra vergine, 4 EL

\+ Salz, Pfeffer

Für 4 Personen
Zubereitungszeit: 15 Min.
Kühlzeit: 2 Std.
Pro Portion: ca. 435 kcal,
32 g E, 33 g F, 1 g KH

Das Thunfischfilet abbrausen, trocken tupfen und von verbliebenen Gräten befreien. Dazu mit dem Finger über das Filet streichen, aufgespürte Gräten mit einer Pinzette entfernen.

Das Filet mit einem scharfen Messer in sehr kleine Würfel schneiden und in eine Schüssel geben. Die Schalotten schälen, sehr fein hacken und dazugeben.

Den Zitronensaft in ein Schälchen geben. ½ TL Salz hinzufügen und umrühren, bis es sich auflöst. Pfeffer, das Basilikumöl und das Olivenöl hinzufügen und alles kräftig verquirlen.

Die Sauce zu den Thunfischwürfeln und den Schalotten geben und alles gut vermischen. Tatar abschmecken und mindestens 2 Std. im Kühlschrank durchziehen lassen. Dann nochmals abschmecken und in Gläschen servieren.

NOCH EINFACHER **Falls Sie kein Basilikumöl im Bioladen oder der Apotheke bekommen, einfach die Blätter von ½ Bund Basilikum fein hacken und untermischen.**

Spaghetti mit Venusmuscheln

Venusmuscheln 1,5 kg
Knoblauchzehen 2
Petersilie ½ Bund
Chilischote getrocknet, 1
Spaghetti 500 g

\+ 2 EL Öl, Salz

Für 4 Personen
Zubereitungszeit: 25 Min.
Pro Portion: ca. 540 kcal, 24 g E, 8 g F, 93 g KH

Die Venusmuscheln unter fließendem kaltem Wasser säubern, geöffnete oder beschädigte dabei aussortieren.

Reichlich Wasser in einem großen Topf zum Kochen bringen. Inzwischen den Knoblauch schälen und fein hacken. Die Petersilie waschen und trocken schütteln. Die Blättchen ebenfalls fein hacken. Die Chilischote waschen und einmal mit einem spitzen Messer einstechen.

Das Öl in einer sehr großen Pfanne erhitzen, Knoblauch und ganze Chili dazugeben und bei kleiner Hitze andünsten. Die Petersilie untermischen und die Pfanne vom Herd ziehen.

Die Spaghetti mit 1 EL Salz in das kochende Wasser geben und darin nach Packungsanweisung al dente garen, dabei zwischendurch umrühren.

Parallel dazu die Knoblauchmischung in der Pfanne erneut erhitzen und die abgetropften Venusmuscheln dazugeben. Zugedeckt bei großer Hitze ca. 5 Min. garen, bis die Muscheln sich öffnen, dabei mehrmals umrühren. Muscheln, die sich nicht geöffnet haben, aussortieren.

Die gegarten Nudeln abgießen und auf die Venusmuscheln geben. Alles gut umrühren und sofort servieren.

Garnelen asiatisch

Garnelen roh, ungeschält, 1 kg
Zitronengras 2 Stängel
Kaffir-Limettenblätter 4
Currypaste 1 ½ EL
Kokosmilch 400 g

\+ 1 EL Öl, Salz, Pfeffer

Für 4 Personen
Zubereitungszeit: 20 Min.
Kochzeit: 20 Min.
Pro Portion: ca. 370 kcal, 31 g E, 25 g F, 3 g KH

Die Köpfe und Schalen der Garnelen mit den Händen ablösen. Das Öl in einem Topf erhitzen. Die Garnelenköpfe und -schalen dazugeben und ca. 3 Min. bei mittlerer Hitze anbraten.

Die Zitronengrasstängel von der äußeren Blätterschicht befreien und längs halbieren. Zitronengras, Limettenblätter und Currypaste in den Topf geben und ca. 2 Min. anbraten, dabei umrühren.

Die Kokosmilch und 100 ml Wasser angießen, aufkochen und ca. 20 Min. bei kleiner Hitze zugedeckt köcheln lassen.

Dann alles durch ein Sieb in einen zweiten Topf abgießen und gut ausdrücken. Die Limettenblätter aus dem Sieb fischen und in den passierten Sud geben.

Den Sud wieder erhitzen. Die Garnelenschwänze hinzufügen und bei kleiner Hitze ca. 2 Min. darin ziehen lassen. Alles mit Salz und Pfeffer abschmecken und sofort servieren. Reis dazu reichen.

EINKAUFSTIPP **Currypaste bekommen Sie im Asienladen. Sie können sie auch selbst machen (Rezept Seite 233). In Feinkostläden und Internetshops finden Sie manchmal Colombo-Paste, eine Würzmischung aus der kreolischen Küche, die von den indischen Einwanderern mit karibischen Gewürzen wie etwa Piment (Jamaikapfeffer) angereichert wurde. Sie ist ebenfalls sehr würzig, aber nicht so scharf wie Currypaste.**

Gefüllte Sardinen

Sardinen küchenfertig, 12 (à 70 g)
Blattspinat 300 g
Olivenöl 3 EL
Rosinen 3 EL
Bio-Zitrone 1

\+ Salz, Pfeffer

Für 4 Personen
Zubereitungszeit: 20 Min.
Garzeit: 20 Min.
Pro Portion: ca. 530 kcal, 75 g E, 22 g F, 8 g KH

Die Köpfe und Mittelgräten der Sardinen vorsichtig entfernen, ohne die Fischhälften zu trennen. Die Sardinen abbrausen, trocken tupfen und innen und außen mit Salz und Pfeffer würzen.

Den Spinat waschen und abtropfen lassen. Dicke Stiele entfernen.

1 EL Olivenöl in einer Pfanne erhitzen. Den Spinat dazugeben und 3–4 Min. dünsten, bis er zusammenfällt und die Flüssigkeit verdampft ist. Die Rosinen untermischen. Alles mit Salz und Pfeffer würzen und abkühlen lassen.

Den Backofen auf 210° vorheizen. Eine Gratinform mit 1 EL Olivenöl ausstreichen. Die Sardinen mit jeweils 1–2TL Spinatmasse füllen und nebeneinander in die Gratinform setzen. Die Zitrone heiß waschen, abtrocknen und in Scheiben schneiden, die Scheiben ggf. halbieren. Die Zitronenscheiben zwischen die Sardinen legen.

Die Sardinen mit dem restlichen Öl beträufeln. Im heißen Backofen (unten) 18–20 Min. garen und heiß servieren.

NOCH EINFACHER **TK-Spinat verwenden! Den Spinat auftauen lassen, dann ca. 2 Min. zusammen mit der Rosinen-Mischung garen.**

Miesmuscheln à la Crème

Miesmuscheln 2 kg
Schalotten 2
Räucherspeck durchwachsen, 100 g
Petersilie ½ Bund
Crème fraîche 250 g

\+ 1 EL Butter, Pfeffer

Für 4 Personen
Zubereitungszeit: 35 Min.
Pro Portion: ca. 480 kcal,
13 g E, 46 g F, 5 g KH

Die Muscheln abbrausen und dabei säubern. Geöffnete oder beschädigte Muscheln aussortieren.

Die Schalotten schälen und fein hacken. Den Speck von Knorpel und Schwarte befreien und in kleine Würfel schneiden. Die Petersilie waschen und trocken schütteln. Die Blättchen fein hacken.

Die Butter in einem großen Topf erhitzen. Die Schalotten darin bei kleiner Hitze ca. 3 Min. andünsten. Crème fraîche, Speckwürfel und etwas Pfeffer dazugeben und alles ca. 15 Min. bei kleiner bis mittlerer Hitze einköcheln lassen.

Die Muscheln hinzufügen und zugedeckt ca. 5 Min. bei großer Hitze garen, bis alle Muscheln geöffnet sind. Zwischendurch ein- bis zweimal umrühren. Muscheln, die sich nicht geöffnet haben, aussortieren. Die übrigen mit Petersilie bestreuen und sofort servieren, z. B. mit Baguette.

MAL ANDERS **2 gehackte Zwiebeln und 1 zerdrückte Knoblauchzehe in 2 EL Butter ca. 3 Min. andünsten. 1 kleines Kräuterbund (Thymian, Lorbeerblatt, Petersilie) dazugeben, 250 ml trockenen Weißwein angießen, aufkochen und ca. 2 Min. köcheln lassen. 2 kg gesäuberte Miesmuscheln und etwas Pfeffer dazugeben. Bei großer Hitze zugedeckt 5–10 Min. garen, bis alle Muscheln geöffnet sind, dabei zweimal umrühren. Die Muscheln mit 2 EL gehackter Petersilie bestreut servieren.**

Jakobsmuscheln aus dem Papier

Lauch 2 kleine Stangen
Olivenöl 3 EL
Ingwer 1 Stück (ca. 2 cm lang)
Koriandergrün 8 Stängel
Jakobsmuscheln küchenfertig, 12

\+ Salz, Pfeffer

Für 4 Personen
Zubereitungszeit: 30 Min.
Pro Portion: ca. 200 kcal,
11 g E, 14 g F, 8 g KH

Den Lauch putzen, den dunkelgrünen Teil entfernen (für eine Suppe verwenden). Die weißen Lauchstangen waschen und in Ringe schneiden.

1 EL Olivenöl in einer Pfanne erhitzen. Die Lauchringe darin 1–2 Min. bei kleiner Hitze andünsten. Mit Salz und Pfeffer würzen und vom Herd nehmen.

Den Ingwer schälen und fein reiben. Den Koriander waschen und trocken schütteln. Die Blättchen grob hacken. Den Backofen auf 210° vorheizen.

Aus Backpapier vier große Quadrate von ca. 30 cm Kantenlänge zuschneiden. Die Lauchringe jeweils in der Mitte der Backpapier-Bögen verteilen und je 3 Jakobsmuscheln daraufgeben. Ingwer, Koriander sowie etwas Salz und Pfeffer über die Jakobsmuscheln streuen und die restlichen 2 EL Olivenöl darüberträufeln.

Die Ecken der Backpapier-Bögen hochnehmen und über den Jakobsmuscheln mit Küchenzwirn fest zusammenbinden, sodass sie hermetisch geschlossen sind. Die Päckchen auf ein Backblech setzen und die Jakobsmuscheln 12–15 Min. im heißen Ofen (unten) garen.

Die Päckchen aus dem Ofen auf vier große Teller verteilen und geschlossen servieren. Vorsicht beim Öffnen – es kommt heißer Dampf heraus!

Lachs in Sauerampfersauce

Lachsfilet mit Haut, ca. 3 cm dick, 600 g
Sauerampfer 1 großes Bund
Sahne 300 g
Zitronensaft 1 TL
Butter 2 EL

\+ Salz, Pfeffer, 1 Prise Zucker

Für 4 Personen
Zubereitungszeit: 30 Min.
Pro Portion: ca. 595 kcal,
32 g E, 50 g F, 4 g KH

Das Lachsfilet abbrausen, trocken tupfen und in vier Stücke schneiden.

Den Sauerampfer waschen und trocken schütteln. Dicke Stiele abschneiden, die Blätter in Streifen schneiden.

Die Sahne mit dem Sauerampfer in einen kleinen Topf geben, erhitzen und ca. 10 Min. bei kleiner Hitze einköcheln lassen. Die Sauce mit Salz, Pfeffer, 1 Prise Zucker und dem Zitronensaft abschmecken und nach Belieben pürieren.

Die Butter in einer Pfanne erhitzen. Die Lachsstücke mit der Haut nach unten in die heiße Butter geben und 6–7 Min. (je nachdem, wie dick das Lachsfilet ist) bei mittlerer Hitze braten. Die Lachsstücke dann umdrehen und noch ca. 2 Min. auf der anderen Seite braten.

Die Sauce wieder erhitzen. Den Lachs auf vier Tellern mit der Sauce anrichten. Kartoffeln oder Reis dazu reichen.

Gebackener Steinbutt

Steinbutt küchenfertig, 1 (ca. 1,5 kg)
Schalotten 5
Butter 80 g
Weißwein trocken, 200 ml
Sahne 300 g

\+ Salz, Pfeffer

Für 4 Personen
Zubereitungszeit: 35 Min.
Pro Portion: ca. 715 kcal,
61 g E, 46 g F, 5 g KH

Den Backofen auf 240° vorheizen. Den Steinbutt abbrausen, trocken tupfen und innen und außen mit Salz und Pfeffer einreiben. Die Schalotten schälen und fein hacken. Die Butter klein würfeln.

Die Hälfte der Butterwürfel und der Schalotten in der Mitte eines Backblechs verteilen. Den Steinbutt darauflegen und mit den restlichen Butterwürfeln und den übrigen Schalotten bedecken.

Den Weißwein über den Fisch gießen. Den Fisch im heißen Ofen (unten) ca. 20 Min. backen. Dann die Sahne über den Steinbutt geben und den Fisch weitere 3 Min. im Ofen garen.

Den Steinbutt aus dem Ofen nehmen, entlang der Mittelgräte einschneiden und die Haut entfernen. Die beiden oberen Filets von der Mittelgräte abheben, auf zwei Teller geben und mit etwas Sahnesauce übergießen. Anschließend die Mittelgräte entfernen, die unteren Filets entnehmen, auf zwei weitere Teller geben und ebenfalls mit Sauce übergießen. Kartoffeln oder Reis dazu reichen.

NOCH EINFACHER **Wenn es unkompliziert sein darf, den ganzen Fisch direkt auf dem Blech servieren und erst bei Tisch zerteilen.**

Dattel-Lamm-Tajine

Lammschulter ohne Knochen, 1 kg
Zwiebeln 2
Tajine-Gewürz 2TL
Datteln »soft«, getrocknet, 200 g
Mandeln geschält, 60 g

\+ 2 EL Öl, Salz, Pfeffer

Für 4 Personen
Zubereitungszeit: 35 Min.
Garzeit: 1 Std. 30 Min.
Pro Portion: ca. 655 kcal, 52 g E, 33 g F, 34 g KH

Das Lammfleisch vom Fett befreien und in große Würfel schneiden. Die Zwiebeln schälen und fein hacken.

Das Öl in einem Schmortopf erhitzen. Die Fleischwürfel darin von allen Seiten bei mittlerer bis großer Hitze anbraten.

Die gehackten Zwiebeln bei kleinerer Hitze ca. 3 Min. mitdünsten. Alles mit dem Tajine-Gewürz sowie etwas Salz und Pfeffer würzen, gut verrühren und knapp mit Wasser bedecken. Das Wasser zum Kochen bringen, dann das Fleisch bei kleiner Hitze ca. 1 Std. 30 Min. zugedeckt schmoren lassen.

Ca. 15 Min. vor Ende der Garzeit die Datteln halbieren und entsteinen. Die Hälfte der Datteln mit etwas Wasser im Standmixer oder in einem hohen Rührbecher mit dem Pürierstab pürieren, dann zum Fleisch geben und noch ca. 10 Min. mitgaren lassen. Die Mandeln in einer Pfanne ohne Fett goldgelb anrösten.

Die Dattel-Lamm-Tajine auf einer vorgewärmten Platte anrichten und mit den Datteln und den gerösteten Mandeln garniert servieren, z. B. mit Couscous.

INFO **Das marokkanische Tajine-Gewürz enthält u. a. gemahlenen Koriander, Kurkuma, Ingwer, Zimt und schwarzen Pfeffer. Sie bekommen die feurig-aromatische Mischung an Gewürzständen, über das Internet und im Bio-Laden. Ersatzweise können Sie Ras el Hanout verwenden.**

Geschmortes Kaninchen

Kaninchen 1 (ca. 1,5 kg)
Knoblauchzehen 6
Rosmarin 4 Zweige
Olivenöl 4 EL
Weißwein trocken, 250 ml

+ Salz, Pfeffer

Für 4 Personen
Zubereitungszeit: 25 Min.
Schmorzeit: 45 Min.
Pro Portion: ca. 370 kcal, 31 g E, 21 g F, 1 g KH

Falls es der Händler noch nicht gemacht hat: Das Kaninchen in acht Teile zerlegen (Hinterbeine am Gelenk durchtrennen, Rumpf mit dem Küchenbeil in vier Stücke teilen), Knochensplitter entfernen.

Die Knoblauchzehen schälen und fein hacken. Den Rosmarin waschen und trocken schütteln. Die Nadeln abzupfen und sehr fein hacken.

Das Olivenöl in einem großen Schmortopf erhitzen. Die Kaninchenteile darin bei mittlerer Hitze in ca. 10 Min. von allen Seiten hell anbraten, dann mit Salz und Pfeffer würzen. Knoblauch und Rosmarin dazugeben und ca. 3 Min. bei kleinerer Hitze mitdünsten, dabei umrühren.

Den Weißwein angießen, aufkochen und alles zugedeckt ca. 45 Min. bei sehr kleiner Hitze schmoren lassen, dabei regelmäßig umrühren. Das Kaninchen heiß servieren, Polenta dazu reichen.

SCHNELLER **Lassen Sie das Kaninchen gleich vom Händler zerlegen.**

Gefüllte Ente

Couscous 60 g
Trockenpflaumen »soft«, 100 g
Äpfel klein, säuerlich (z. B. Boskop), 2
Walnusskerne 40 g
Ente mit Innereien, 1 (1,5–2 kg)

\+ Salz, Pfeffer

Für 4 Personen
Zubereitungszeit: 30 Min.
Garzeit: 1 Std. 30 Min.
Pro Portion: ca. 605 kcal, 40 g E, 41 g F, 19 g KH

Den Couscous in eine Schüssel geben, mit 60 ml kochendem Wasser knapp bedecken und ca. 5 Min. quellen lassen.

Inzwischen die Trockenpflaumen entsteinen und halbieren oder vierteln. Die Äpfel schälen, entkernen und in Würfel oder feine Schnitze schneiden. Die Walnüsse grob zerkleinern. Die Innereien aus der Ente nehmen, abbrausen und trocken tupfen, putzen und fein hacken.

Die Innereien mit den Trockenpflaumen, Äpfeln, Walnüssen und dem gequollenem Couscous vermischen und kräftig mit Pfeffer und Salz würzen.

Den Backofen auf 230° vorheizen. Die Ente mit der Mischung füllen, die Öffnung mit Zahnstochern zustecken.

Die gefüllte Ente mit Salz und Pfeffer einreiben und in einen ofenfesten Bräter geben, Brustseite nach unten. An den Schenkeln zweimal mit einer Gabel einstechen, damit das Fett austreten kann. 200 ml Wasser in den Bräter gießen.

Die Ente insgesamt ca. 1 Std. 30 Min. im heißen Ofen (unten) garen, dabei nach ca. 45 Min. die Ente auf den Rücken drehen und zwischendurch regelmäßig mit dem Bratensaft begießen. (Falls nötig, etwas mehr Wasser dazugeben.) Sobald die Ente von beiden Seiten knusprig braun ist, die Temperatur auf 180° herunterschalten. Rotkohl passt gut dazu.

Zitronen-Hähnchen

Bio-Zitronen 3
Rosmarin 4 Zweige
Hähnchen küchenfertig, 1 (ca. 1,5 kg)
Olivenöl 1 EL
Muskatwein 125 ml

\+ Salz, Pfeffer

Für 4 Personen
Zubereitungszeit: 15 Min.
Garzeit: 1 Std.
Pro Portion: ca. 460 kcal, 50 g E, 27 g F, 0 g KH

Den Backofen auf 210° vorheizen. Die Zitronen heiß waschen und abtrocknen. 1 Zitrone schälen, dabei die Schale in breiten Streifen abschneiden. Die beiden übrigen Zitronen achteln. Den Rosmarin waschen und trocken schütteln.

Das Hähnchen innen und außen mit Salz und Pfeffer würzen und mit der ganzen geschälten Zitrone, den Schalenstreifen und 1 Rosmarinzweig füllen.

Das Hähnchen in einen ofenfesten Bräter geben, Brustseite nach unten. Das Hähnchen mit dem Olivenöl bestreichen. Die Rosmarinnadeln von den übrigen Zweigen abzupfen und darüberstreuen. 150 ml Wasser in den Bräter gießen.

Das Hähnchen in insgesamt ca. 1 Std. im heißen Ofen (unten) goldbraun garen, dabei nach ca. 30 Min. umdrehen und die übrigen Zitronenachtel drumherum verteilen. Während der Bratzeit Hähnchen und Zitronenachtel regelmäßig mit dem Bratensaft begießen (falls nötig, ein wenig Wasser dazugeben).

Das fertige Hähnchen zerteilen und mit den Zitronenachteln auf einer vorgewärmten Platte anrichten. Den Bratsatz im Bräter auf dem Herd mit dem Muskatwein ablöschen. Die Sauce kurz erhitzen, eventuell noch etwas einköcheln lassen. Sauce abschmecken und über das Hähnchen geben. Das Hähnchen sofort servieren, z. B. mit Quinoa.

Lamm-Curry

Lammfleisch (Keule, Schulter) 1 kg
Zwiebeln 2
Currypaste 2 EL
Kokosmilch 400 g
Koriandergrün 1 Bund

\+ 1 EL Öl, Salz, Pfeffer

Für 4 Personen
Zubereitungszeit: 20 Min.
Garzeit: 1 Std. 30 Min.
Pro Portion: ca. 580 kcal,
47 g E, 41 g F, 4 g KH

Das Fleisch vom Fett befreien und in große Würfel schneiden. Die Zwiebeln schälen und fein hacken.

Das Öl in einem Schmortopf erhitzen. Die Fleischwürfel darin bei mittlerer bis großer Hitze ca. 10 Min. von allen Seiten anbraten. Die Zwiebeln dazugeben und ca. 3 Min. bei kleinerer Hitze mitdünsten. Die Currypaste hinzufügen und alles noch 3–4 Min. andünsten, die Fleischwürfel dabei regelmäßig wenden.

Die Kokosmilch sowie etwas Salz und Pfeffer dazugeben. So viel Wasser dazugießen, dass alles knapp bedeckt ist. Das Lammfleisch zugedeckt ca. 1 Std. 30 Min. bei kleiner Hitze garen, es soll danach auf der Zunge zergehen.

Den Koriander waschen und trocken schütteln. Die Blättchen grob hacken. Das Lamm-Curry nochmals mit Salz und Pfeffer abschmecken und mit Koriander bestreut servieren, z. B. mit Reis.

NACH WUNSCH **Je nachdem, wie scharf Sie es lieben, wählen Sie gelbe (mild), rote (scharf) oder grüne (feurig) Currypaste für dieses Gericht. Besonders gut passt hier auch die selbst gemachte indische Currypaste (Seite 233).**

Süßes und Sündiges

182 Rhabarber-Crumble
184 Tarte Tatin
186 Panna cotta mit Erdbeeren
188 Arme Ritter
190 Feigen-Gratin
192 Gefüllte Aprikosen
194 Schoko-Törtchen
196 Pavlova mit Beeren
198 Bratäpfel
200 Zitronen-Tarte
202 Käsekuchen mit Ricotta
204 Mousse au Chocolat
206 Schoko-Creme
208 Mandel-Pudding
210 Sojacreme-Eis mit Ingwer
212 Chia-Pudding mit Himbeeren
214 Pfannkuchen mit Apfelmus
216 Milchreis aus dem Ofen

Rhabarber-Crumble

Mehl 130 g
Zucker 130 g
Butter 100 g
Rhabarber 750 g
Sahne 250 g

\+ Salz

Für 6 Personen
Zubereitungszeit: 15 Min.
Kühlzeit: 30 Min.
Backzeit: 35 Min.
Pro Portion: ca. 425 kcal, 4 g E, 27 g F, 40 g KH

Für den Crumble Mehl und Zucker mit 1 Prise Salz in einer Schüssel vermischen. 100 g Butter würfeln und dazugeben. Alles mit den Fingerspitzen zu Streuseln verarbeiten. Die Teig-Streusel ca. 30 Min. im Kühlschrank ruhen lassen.

Den Backofen auf 200° vorheizen. Den Rhabarber putzen, waschen und in kleine Stücke schneiden. Die Rhabarberstücke in einer Gratinform verteilen.

Die Teig-Streusel gleichmäßig über dem Rhabarber verteilen. Rhabarber-Crumble im heißen Ofen (unten) in 30–35 Min. hellbraun backen. Wenn die Teig-Streusel zu schnell bräunen, die Temperatur etwas herunterschalten.

Inzwischen die Sahne steif schlagen. Den Rhabarber-Crumble warm mit der geschlagenen Sahne servieren.

Tarte Tatin

Mehl 150 g + Mehl zum Arbeiten
Butter 175 g
Äpfel säuerlich, 1,5 kg
Zucker 100 g
Crème fraîche 250 g

\+ Salz

Für 6 Personen
Zubereitungszeit: 1 Std.
Kühlzeit: 30 Min.
Backzeit: 35 Min.
Pro Portion: ca. 610 kcal, 4 g E, 42 g F, 53 g KH

Das Mehl mit 1 Prise Salz in einer Schüssel vermischen. 75 g Butter würfeln und hinzufügen. Alles mit den Fingerspitzen zerreiben, bis Streusel entstehen. 2–3 EL kaltes Wasser dazugeben und alles rasch zu einem glatten Teig verkneten. Den Teig zur Kugel rollen und zugedeckt ca. 30 Min. im Kühlschrank ruhen lassen.

Die Äpfel schälen, vierteln und entkernen. Die übrigen 100 g Butter würfeln, die Hälfte davon in einer hitzebeständigen, runden Form (ca. 24 cm Ø) verteilen. Apfelviertel sehr dicht aneinandergedrückt und kreisförmig in der Form anordnen. Restliche Butterwürfel und übrigen Zucker darauf verteilen. Die Äpfel in der Form auf dem Herd bei mittlerer Hitze (eventuell einen Hitzeverteiler benutzen) in ca. 40 Min. leicht karamellisieren, dann abkühlen lassen.

Den Backofen auf 190° vorheizen. Den Teig auf einer leicht bemehlten Arbeitsfläche etwas größer als die Kuchenform ausrollen und auf die Äpfel legen, den Teigrand nach innen einschlagen. Die Tarte in 25–35 Min. im heißen Ofen (unten) goldbraun backen, dann herausnehmen und ca. 5 Min. abkühlen lassen.

Einen Kuchenteller umgedreht auf die heiße Tarte legen und beides zusammen (Handschuhe anziehen!) umdrehen, sodass der Teig unten ist und die Äpfel oben sind. Die Tarte Tatin warm mit der Crème fraîche servieren.

INFO **Säuerliche Äpfel wie Boskop, Gravensteiner, Braeburn oder Reinette sind ideal für die Tarte Tatin geeignet.**

Panna cotta mit Erdbeeren

Vanilleschote 1
Sahne 600 g
Gelatine 3 Blatt
Zucker 60 g
Erdbeeren 200 g

Für 4 Personen
Zubereitungszeit: 25 Min.
Kühlzeit: 6 Std.
Pro Portion: ca. 545 kcal, 5 g E, 48 g F, 23 g KH

Die Vanilleschote längs aufschneiden und das Mark herauskratzen. Die Sahne mit Vanilleschote und -mark in einen Topf geben und einmal aufkochen lassen, dann zugedeckt ca. 15 Min. neben dem Herd ziehen lassen. Die Gelatine in kaltem Wasser ca. 5 Min. quellen lassen.

Die Vanilleschote aus dem Topf entfernen. 50 g Zucker einrühren. Die Sahne erneut erhitzen, dann vom Herd ziehen.

Die Gelatineblätter einzeln aus dem Wasser nehmen, ausdrücken und nacheinander in die heiße Sahne rühren, bis sie sich vollständig aufgelöst haben.

Die Sahnemischung auf vier Gläser verteilen, abkühlen und ca. 6 Std. im Kühlschrank ruhen lassen.

Vor dem Servieren die Erdbeeren waschen und entkelchen. Die Erdbeeren klein schneiden und mit den restlichen 10 g Zucker pürieren. Das Erdbeerpüree auf die gekühlte Panna cotta geben.

FEINER **Für ein intensiveres Aroma Vanilleschote und -mark am Abend vorher mit der Sahne aufkochen, abkühlen lassen, dann zugedeckt über Nacht im Kühlschrank ziehen lassen.**

Arme Ritter

Eier (M) 2
Milch 200 ml
Zucker 2 TL + Zucker zum Bestreuen
Butter 4 EL
Weißbrot vom Vortag, 8 Scheiben

Für 4 Personen
Zubereitungszeit: 20 Min.
Pro Portion: ca. 360 kcal, 12 g E, 14 g F, 46 g KH

Die Eier mit der Milch und 2 TL Zucker in einem tiefen Teller gut verquirlen. 2 EL Butter in einer großen Pfanne erhitzen. Den Backofen auf 60° vorheizen.

Die Hälfte der Brotscheiben nacheinander so lange in der Eier-Milch-Mischung wenden, bis sie sich vollgesogen haben. Die Scheiben in die Pfanne geben und von beiden Seiten in 4–5 Min. goldbraun braten. Im heißen Ofen warm stellen.

Die restliche Butter in der Pfanne erhitzen. Die übrigen Brotscheiben in der Eier-Milch-Mischung wenden und ebenfalls beidseitig in 4–5 Min. goldbraun braten. Die armen Ritter mit restlichem Zucker bestreuen und sofort servieren.

MAL ANDERS **Anstelle von Zucker Marmelade, Gelee, Kompott oder Zimtzucker zu den Armen Rittern reichen. Statt Weißbrot können Sie auch gut Mischbrot oder Reste von einem Hefezopf nehmen.**

Feigen-Gratin

Feigen vollreif, 12
Vollrohrzucker 4 EL
Muskatwein 200 ml
Rosmarin 1 Zweig
Pinienkerne 4 EL

Für 4 Personen
Zubereitungszeit: 25 Min.
Pro Portion: ca. 240 kcal,
3 g E, 10 g F, 27 g KH

Den Backofen auf 210° vorheizen. Die Feigen waschen, trocken tupfen und von der Spitze her über Kreuz bis zur Hälfte einschneiden. Die Feigen jeweils »öffnen«, d. h. leicht auseinanderdrücken, und in eine Gratinform setzen.

Den Zucker mit 3 EL Muskatwein in einem Schälchen vermischen und in die Feigen träufeln. Den Rosmarin waschen und trocken schütteln. Die Nadeln abzupfen, fein hacken und mit den Pinienkernen über die Feigen streuen.

Den restlichen Muskatwein in die Form gießen. Die Feigen im heißen Ofen (unten) 10–15 Min. garen, dabei zwischendurch mehrmals mit dem Saft begießen. Die Feigen dann ca. 5 Min. im ausgeschalteten Backofen ruhen lassen und nochmals begießen. Warm oder kalt servieren, z. B. mit Vanilleeis.

INFO **Natursüßer Muskatwein aus dem Languedoc-Roussillon (z. B. Muscat de Rivesaltes) eignet sich hervorragend für dieses Rezept. Bei anderen Muskatweinen darauf achten, dass sie ebenfalls natursüß sind.**

Gefüllte Aprikosen

Aprikosen vollreif, 8
Pistazienkerne ungesalzen, 80 g
Butter weich, 60 g + Butter für die Form
Zucker 4 EL
Vanilleextrakt 1 TL

Für 4 Personen
Zubereitungszeit: 30 Min.
Pro Portion: ca. 320 kcal, 5 g E, 25 g F, 18 g KH

Den Backofen auf 190° vorheizen. Die Aprikosen waschen und trocken tupfen, halbieren und entsteinen.

Die Pistazienkerne in einem Mörser grob zerstoßen und mit der weichen Butter, dem Zucker und dem Vanilleextrakt cremig verrühren. Eine Gratinform mit Butter ausstreichen.

Die Aprikosenhälften mit der Pistaziencreme füllen und in die Form setzen. Die gefüllten Aprikosen im heißen Ofen (unten) 15–20 Min. backen. Warm oder kalt genießen.

MAL ANDERS **Kein Vanilleextrakt zur Hand? Sie können die Füllung auch sehr gut mit einem Hauch frisch abgeriebener Tonkabohne aromatisieren.**

Schoko-Törtchen

Butter 80 g + Butter für die Form
Zartbitter-Schokolade 190 g
Eier (M) 4
Zucker 60 g
Stärkemehl 2 EL

\+ Salz

Für 4 Personen
Zubereitungszeit: 25 Min.
Pro Portion: ca. 610 kcal,
11 g E, 45 g F, 41 g KH

Den Backofen auf 240° vorheizen. Die Butter in Würfel schneiden und in eine Edelstahl-Schüssel geben.

Von der Schokolade 8 Stückchen à 5 g exakt abbrechen und beiseitestellen. Die übrigen 150 g Schokolade grob zerkleinern und zur Butter in die Schüssel geben. Butter und Schokolade über einem Wasserbad bei kleiner Hitze schmelzen lassen, dabei gut umrühren.

In einer zweiten Schüssel die Eier mit dem Zucker cremig aufschlagen. Die geschmolzene Schoko-Mischung und 1 Prise Salz dazugeben und untermischen. Dann das Stärkemehl unterrühren.

Vier kleine ofenfeste Förmchen sorgfältig mit Butter ausstreichen. Die Hälfte des Teiges auf die Förmchen verteilen, jeweils 2 Schokoladenstücke daraufgeben und mit übrigem Teig bedecken.

Die Törtchen im heißen Ofen (unten) 9–10 Min. backen und sofort genießen.

INFO **Die Zartbitter-Schokolade sollte mindestens 70 % Kakao enthalten. Für Bitter-Schokoladen-Fans darf es auch noch etwas mehr sein.**

Pavlova mit Beeren

Eiweiß zimmerwarm, 4
Zucker 210 g
Zitronensaft 1TL
Beeren gemischt, 400 g
Sahne gut gekühlt, 300 g

+ 1TL Öl, ½ EL Stärkemehl

Für 6 Personen
Zubereitungszeit: 15 Min.
Backzeit: 2 Std.
Kühlzeiten: insgesamt 4 Std.
Pro Portion: ca. 500 kcal, 6 g E, 23 g F, 69 g KH

Den Backofen auf 90° vorheizen. Eine runde Backform (ca. 26 cm Ø) mit Backpapier bedecken und mit Öl bepinseln.

Die Eiweiße zu Schnee schlagen. Nach und nach 200 g Zucker sowie das Stärkemehl einrieseln lassen und dabei weiterschlagen, bis der Eischnee sehr fest und glänzend ist. Zum Schluss den Zitronensaft unterrühren.

Den Eischnee in die Form geben, glatt streichen und ca. 2 Std. im heißen Ofen (unten) backen. Baiser dann im ausgeschalteten Ofen bei leicht geöffneter Backofentür auskühlen lassen.

Den abgekühlten Baiser-Boden vorsichtig aus der Form nehmen, auf einen Kuchenteller setzen und noch ca. 2 Std. im Kühlschrank ruhen lassen.

Inzwischen die Beeren verlesen, falls nötig, in einem Sieb abbrausen und gut abtropfen lassen. Die Sahne steif schlagen, dann übrigen Zucker unterrühren.

Die Schlagsahne auf den Baiser-Boden streichen, sodass Oberfläche und Rand gleichmäßig bedeckt sind. Die Beeren dekorativ darauf verteilen. Die Pavlova vor dem Servieren nochmals 1–2 Std. im Kühlschrank ruhen lassen.

FEINER **Am besten schmeckt die Pavlova mit einer bunten Mischung aus frischen Erdbeeren, Himbeeren, Blaubeeren, Brombeeren und/oder Johannisbeeren ...**

Bratäpfel

Äpfel säuerlich (z. B. Boskop), 4
Mandeln 20
Honig 4 EL
Zimtpulver 1 TL
Butter 5 EL

Für 4 Personen
Zubereitungszeit: 10 Min.
Backzeit: 45 Min.
Pro Portion: ca. 260 kcal, 2 g E, 16 g F, 28 g KH

Die Äpfel waschen und um den Stiel herum kegelförmig ausschneiden, dabei auch das Kerngehäuse entfernen. (Die Äpfel aber keinesfalls ganz durchstechen, sonst läuft die Füllung raus!)

Den Backofen auf 150° vorheizen. Die Äpfel mit der ausgeschnittenen Öffnung nach oben in eine Gratinform setzen.

Jeweils 5 Mandeln grob hacken und mit 1 EL Honig und 1 Prise Zimtpulver in je 1 Apfel geben. Die übrigen 3 Äpfel ebenso füllen. Zum Schluss auf jeden Apfel 1 EL Butter geben.

Die restliche Butter mit 150 ml Wasser in die Form geben. Die Äpfel 40–45 Min. im heißen Ofen (Mitte) backen, bis sie weich sind. Während des Backens die Äpfel mehrmals mit dem Bratensaft begießen. Die Bratäpfel warm genießen, pur oder mit Vanillesauce.

Zitronen-Tarte

Mehl 150 g + Mehl zum Arbeiten
Butter 150 g
Eier (L) 3
Zucker 140 g
Bio-Zitronen groß, 3

\+ Salz

Für 6 Personen
Zubereitungszeit: 1 Std.
Kühlzeit: insgesamt 2 Std. 30 Min.
Pro Portion: ca. 430 kcal, 7 g E, 25 g F, 44 g KH

Das Mehl mit 1 Prise Salz vermischen. 75 g Butter würfeln und hinzufügen. Alles mit den Fingerspitzen zerreiben, bis Streusel entstehen. 3–4 EL kaltes Wasser dazugeben. Alles rasch zu einem glatten Teig verkneten. Den Teig zur Kugel rollen und zugedeckt ca. 30 Min. kühl stellen.

Den Backofen auf 190° vorheizen. Den Teig auf einer leicht bemehlten Arbeitsfläche ca. 3 mm dick ausrollen. Eine Tarteform (25–26 cm Ø) damit auskleiden. Den Teigboden mit Backpapier und getrockneten Hülsenfrüchten bedecken und im heißen Ofen (unten) ca. 15 Min. vorbacken. Dann die Hülsenfrüchte und das Backpapier entfernen und den Teig in weiteren 10–15 Min. goldgelb backen, dann aus dem Ofen nehmen.

Die Eier und den Zucker in einem Topf mit dickem Boden verquirlen. Die Zitronen heiß waschen und abtrocknen. Die Schale abreiben und den Saft auspressen, beides in den Topf geben und untermischen. Die restlichen 75 g Butter würfeln und hinzufügen. Alles langsam erhitzen und unter Rühren 1–2 Min. kochen lassen, bis die Creme andickt.

Die Zitronencreme auf den vorgebackenen Boden geben und glatt streichen. Die Zitronen-Tarte vor dem Servieren in ca. 2 Std. vollkommen auskühlen lassen.

RAFFINIERTER **Für Mini-Tartes den Teig auf 6 ofenfeste Förmchen (à 9–10 cm Ø) verteilen und backen. Die Zitronencreme dann wie beschrieben daraufgeben. Für eine zarte Baiser-Haube 3 Eiweiße mit 110 g Zucker zu festem Eischnee schlagen. Den Eischnee auf die noch heiße Zitronencreme streichen und im vorgeheizten Ofen (Mitte) bei 180° in ca. 10 Min. hellbraun werden lassen.**

Käsekuchen mit Ricotta

Ricotta 750 g
Bio-Zitrone 1
Bio-Orange 1
Eier (M) zimmerwarm, 6
Zucker 150 g

\+ Salz, 1TL Öl

Für 4 Personen
Zubereitungszeit: 15 Min.
Abtropfzeit: 6 Std.
Garzeit: 40 Min.
Pro Portion: ca. 520 kcal, 22 g E, 30 g F, 39 g KH

Ein großes Sieb mit einem Mulltuch auslegen. Den Ricotta hineingeben und ca. 6 Std. abtropfen lassen.

Den Backofen auf 180° vorheizen. Die Zitrone und die Orange heiß waschen und abtrocknen. Die Schale von beiden Früchten abreiben. Zitrone und Orange halbieren. Den Saft aus je 1 Zitronen- und Orangenhälfte auspressen.

Die Eier trennen. Die Eigelbe mit dem Zucker mit dem Handrührgerät cremig aufschlagen. Den abgetropften Ricotta hinzugeben und weiterschlagen, bis die Masse glatt ist. Dann Schale und Saft der beiden Zitrusfrüchte untermischen.

Die Eiweiße mit 1 Prise Salz zu festem Schnee schlagen und vorsichtig unter die Eigelb-Ricotta-Masse heben.

Eine runde Backform mit hohem Rand (ca. 22 cm Ø) mit Öl bepinseln. Ricottamischung hineinfüllen, glatt streichen und im heißen Ofen (Mitte) in 35–40 Min. goldbraun backen. Gegen Ende der Backzeit den Kuchen eventuell mit Backpapier abdecken, damit die Oberfläche nicht zu dunkel wird. Den Käsekuchen warm oder kalt genießen.

SCHNELLER **Zum korsischen »Fiadone« wird der Käsekuchen, wenn Sie statt Ricotta den traditionellen Frischkäse »Brocciu« oder »Brousse« aus Schafs- oder Ziegenmilch verwenden. Sein Vorteil: Er ist fester in der Konsistenz und braucht deshalb nicht abzutropfen.**

Mousse au Chocolat

Zartbitter-Schokolade 150 g
Sahne 5 EL
Eier (L) sehr frisch, zimmerwarm, 3
Puderzucker 1 EL
Haselnusskerne 20 g

\+ Salz

Für 4 Personen
Zubereitungszeit: 30 Min.
Kühlzeit: 5 Std.
Pro Portion: ca. 405 kcal, 11 g E, 32 g F, 19 g KH

Die Schokolade in kleine Stücke brechen und mit der Sahne in eine Edelstahl-Schüssel geben. Über einem Wasserbad bei kleiner Hitze schmelzen lassen, dann glatt rühren und abkühlen lassen.

Die Eier trennen. Die Eigelbe einzeln unter die Schokoladencreme rühren. Die Eiweiße mit 1 Prise Salz zu Schnee schlagen. Langsam den Zucker einrieseln lassen und weiterschlagen, bis der Eischnee sehr fest und glänzend ist.

1 EL Eischnee unter die Schoko-Eigelb-Mischung rühren, um die Masse aufzulockern. Dann den restlichen Eischnee vorsichtig unterheben.

Die Schokoladenmousse in vier Förmchen oder Gläser füllen und mindestens 5 Std. im Kühlschrank ruhen lassen.

Die Haselnusskerne in einer Pfanne ohne Fett 8–10 Min. von allen Seiten bei kleiner Hitze anrösten. Etwas abkühlen lassen, in ein Küchenhandtuch geben und die braunen Häute abrubbeln. Die Haselnüsse grob hacken und vor dem Servieren auf die Mousse streuen.

RAFFINIERTER **Süßschnäbel können die Zuckermenge in diesem Rezept verdoppeln. Liebhabern von dunkler Schokolade schmeckt die Mousse aber am besten ganz ohne Zucker!**

Schoko-Creme im Glas

Zartbitter-Schokolade 150 g
Sahne 200 g
Zucker 4 EL
Tonkabohne 1
Butter 4 EL

Für 4 Personen
Zubereitungszeit: 10 Min.
Kühlzeit: 3 Std.
Pro Portion: ca. 490 kcal, 4 g E, 40 g F, 29 g KH

Die Schokolade in kleine Stücke brechen und mit 100 g Sahne, 100 ml Wasser und dem Zucker in einen kleinen Topf mit dickem Boden geben. Alles langsam erhitzen und zum Kochen bringen. Tonkabohne über dem Topf fein dazureiben.

Die Schokoladencreme ca. 2 Min. bei kleiner Hitze köcheln lassen und mit dem Schneebesen glatt schlagen. Dann den Topf vom Herd ziehen und nacheinander die restliche Sahne und die Butter in kleinen Stücken unterrühren.

Die Schokoladencreme in vier Gläser füllen, abkühlen lassen und mindestens 3 Std. im Kühlschrank ruhen lassen. Ca. 30 Min. vor dem Servieren wieder aus dem Kühlschrank nehmen.

INFO **Tonkabohnen haben ein intensives, an Karamell, Vanille und bittere Mandeln erinnerndes Aroma. Sie können sie durch ½ TL Vanilleextrakt oder das Mark von 1 Vanilleschote ersetzen.**

Mandel-Pudding

Stärkemehl 50 g
Mandeldrink 500 ml
weißes Mandelmus 4 EL
Pistazienkerne ungesalzen, 40 g
Akazienhonig 4 EL

Für 4 Personen
Zubereitungszeit: 15 Min.
Kühlzeit: 4 Std.
Pro Portion: ca. 300 kcal,
5 g E, 17 g F, 30 g KH

Das Stärkemehl mit 4 EL Mandeldrink glatt rühren. Den restlichen Mandeldrink in einem Topf erhitzen. Das aufgelöste Stärkemehl in die heiße Flüssigkeit geben, alles kurz aufkochen lassen und mit einem Schneebesen glatt rühren. Vom Herd nehmen und das Mandelmus untermischen.

Vier kleine Puddingförmchen mit kaltem Wasser ausspülen. Die Pudding-Creme in die Förmchen füllen, abkühlen, dann 3–4 Std. im Kühlschrank ruhen und fest werden lassen.

Zum Servieren die Pistazien grob hacken. Die Puddings mit einem kleinen Messer vom Rand der Förmchen lösen, dann auf jeweils einen Dessertteller stürzen. Die Puddings mit je 1 EL Honig beträufeln und mit den Pistazien bestreuen.

FEINER **Besonders aromatisch schmeckt Mandeldrink aus der eigenen Küche: Dafür 140 g Mandeln 12 Std. in kaltem Wasser einweichen. Die Mandeln in ein Sieb abgießen, abwaschen und dann mit 750 ml frischem Wasser im Standmixer ca. 2 Min. pürieren. Durch ein sehr feines Sieb filtern, dabei Mandelreste gut ausdrücken.**

Sojacreme-Eis mit Ingwer und Sesam

Sesamsamen 40 g
kandierter Ingwer 50 g
Sojacreme 400 g
Sojaghurt 200 g
Agavensirup 90 g

Für 4 Personen
Zubereitungszeit: 15 Min.
Gefrierzeit: 30 Min. (mit Eismaschine)
Pro Portion: ca. 380 kcal,
8 g E, 23 g F, 35 g KH

Die Sesamsamen in einer Pfanne ohne Fett bei schwacher bis mittlerer Hitze leicht anbräunen, dabei umrühren. Dann die Sesamsamen auf einen Teller geben und gut abkühlen lassen.

Den kandierten Ingwer fein würfeln. Die Sojacreme mit Sojaghurt, Agavensirup, Sesamsamen und Ingwerwürfeln in eine Schüssel geben und gut verrühren.

Die Sojacreme-Mischung in die Eismaschine geben und in 25–30 Min. gefrieren lassen, bis das Eis fest ist.

Das Eis sofort servieren oder in eine Form geben und ins Tiefkühlfach stellen.

NOCH EINFACHER **Es geht auch ohne Eismaschine: Die Sojacreme-Mischung dann in eine Auflaufform geben und in 3–4 Std. im Tiefkühlfach gefrieren lassen. Zwischendurch die Mischung alle 20–30 Min. mit einem Schneebesen glatt schlagen.**

Chia-Pudding mit Himbeeren

Chia-Samen 60 g
Reisdrink 600 ml
Agavensirup 4 EL
Vanilleextrakt ½ TL
Himbeeren 150 g

Für 4 Personen
Zubereitungszeit: 20 Min.
Kühlzeit: 4 Std.
Pro Portion: ca. 215 kcal, 4 g E, 6 g F, 33 g KH

Die Chia-Samen mit dem Reisdrink, 2 EL Agavensirup und dem Vanilleextrakt in eine Schüssel geben und gut vermischen. Die Chia-Samen ca. 15 Min. quellen lassen und zwischendurch mehrmals umrühren, damit sie sich gleichmäßig in der Flüssigkeit verteilen.

Die Chia-Reisdrink-Mischung auf vier Gläser verteilen und mindestens 4 Std. im Kühlschrank ruhen lassen.

Zum Servieren die Himbeeren verlesen, falls nötig, vorsichtig in einem Sieb abbrausen und gut abtropfen lassen.
Die Himbeeren auf dem Chia-Pudding verteilen und den Pudding mit dem restlichen Agavensirup beträufeln.

INFO **Bei konzentriertem Vanilleextrakt reicht eine winzige Menge. Sie können den Pudding gut vorbereiten und über Nacht in den Kühlschrank stellen.**

Pfannkuchen mit Apfelmus

Äpfel säuerlich, ca. 1 kg
Zucker 5 EL
Mehl 250 g
Eier (M) 3
Milch 375 ml

\+ Salz, 2 EL Butter

Für 4 Personen
Zubereitungszeit: 35 Min.
Pro Portion: ca. 505 kcal, 15 g E, 13 g F, 81 g KH

Die Äpfel schälen, entkernen und klein würfeln. Mit 4 EL Zucker und 4 EL Wasser zugedeckt in 10–15 Min. weich dünsten. Die Äpfel grob mit dem Pürierstab pürieren, dann abkühlen lassen.

Das Mehl mit dem restlichen Zucker und 1 Prise Salz in einer großen Schüssel vermischen. In einer zweiten Schüssel die Eier mit der Milch verquirlen, nach und nach zum Mehl geben und alles zu einem homogenen Teig verrühren.

Knapp 1 TL Butter in einer beschichteten Pfanne erhitzen. 1 Kelle Teig in der Pfanne dünn verteilen. Pfannkuchen in insgesamt 2–3 Min. bei mittlerer Hitze von beiden Seiten hellbraun backen. Insgesamt etwa acht Pfannkuchen auf diese Weise backen, dabei vor jedem neuen Pfannkuchen wieder eine kleine Menge Butter in die Pfanne geben.

Die fertigen Pfannkuchen zugedeckt im Backofen bei 60° warm halten. Wenn alle gebacken sind, die Pfannkuchen mit dem Apfelmus servieren.

FEINER **Das Apfelmus noch zusätzlich mit 1 Prise Zimt abschmecken. Je nach Säuregrad der Äpfel können Sie es auch noch mit etwas Zucker nachsüßen.**

Milchreis aus dem Ofen

Vanilleschote 1
Vollmilch 1 l
Rundkornreis 100 g
Vollrohrzucker 40 g
Zimtpulver 2 EL

\+ 1 EL Butter

Für 4 Personen
Zubereitungszeit: 10 Min.
Garzeit: 3 Std.
Pro Portion: ca. 310 kcal, 10 g E, 12 g F, 40 g KH

Die Vanilleschote längs halbieren und mit der Milch in einen Topf geben. Die Vollmilch einmal kurz aufkochen, vom Herd ziehen und dann leicht abkühlen lassen.

Den Backofen auf 120° vorheizen. Die beiden Hälften der Vanilleschote aus der warmen Milch fischen. Das Vanillemark herausschaben und wieder in die Milch rühren. Die Vanilleschote wird nicht mehr gebraucht.

Den Reis in eine hitzebeständige Schüssel (Porzellan, Ton oder Steingut) geben und mit Vollrohrzucker und Zimt bestreuen. Die warme Milch darübergießen, die Butter in kleinen Flöckchen darauf verteilen und den Milchreis im heißen Ofen (unten) ca. 3 Std. garen.

Wenn der Reis die Flüssigkeit fast vollständig aufgesogen hat, den Ofen ausschalten. Den Milchreis noch ca. 10 Min. im warmen Ofen nachgaren lassen, dann warm – nach Belieben noch mit etwas Zucker bestreut – servieren.

5

Menüs

Feines für jeden Geschmack & jede Gelegenheit

Ob festliches Menü, Brunch oder Picknick: Wenn Sie verschiedene Speisen kombinieren möchten, sollten Sie einige Aspekte beachten. Die wichtigste Frage: Was mögen die Gäste? Haben sie Vorlieben oder Abneigungen? Halten sie eine Diät ein? Ernähren sie sich vielleicht vegetarisch oder vegan? Natürlich spielt auch der Anlass für das Essen eine Rolle: Wird Geburtstag gefeiert oder ein Festtag begangen? Lassen Sie auch die Jahreszeit nicht außer Acht. Viele Lebensmittel sind saisonabhängig.

Die Rezeptauswahl dieses Buches ist weit gefächert, sodass Sie für jede Gelegenheit das passende Menü zusammenstellen können und Vegetarier ebenso auf ihre Kosten kommen wie Fleisch- und Fischfans oder Leckermäuler.

Die Anzahl der verschiedenen Gerichte pro Menü ist variabel und hängt u. a. von den Rezepten selbst ab, aber auch von der Anzahl der Gäste und deren Appetit. Grundsätzlich gilt: Bei leichteren Hauptgerichten kann eine zweite Vorspeise angesagt sein. Zum Hummus im veganen Menü passt z. B. auch noch sehr gut eine Tapenade auf geröstetem Brot. Suppen sind ideale Lückenschließer zwischen kleiner Vorspeise und Hauptgericht.

ZUM SCHLUSS Ein Dessert darf als Krönung eines gelungenen Menüs nicht fehlen. Wer möchte, serviert auch noch eine Käseauswahl.

Veganes Menü

1 Hummus
2 Gefüllte Zwiebeln
3 Chia-Pudding mit Himbeeren

Fisch und Meeresfrüchte-Menü

1 Makrelen-Rillettes
2 Algen-Tatar
3 Spaghetti mit Venusmuscheln
4 Zitronen-Tarte

Brunch

1 Rotkohlsalat mit Äpfeln
2 Graved Lachs
3 Kalte Joghurt-Suppe mit Gurke
4 Rührei mit Käse
5 Panna cotta mit Erdbeeren

Fest-Menü

1 Orientalischer Orangen-Möhren-Salat
2 Garnelen asiatisch
3 Geschmortes Kaninchen
4 Pavlova mit Beeren

Picknick

1 Linsensalat
2 Hackfleisch-Leber-Terrine
3 Lauch-Pie
4 Käsekuchen mit Ricotta

1

Veganes Menü

1 Hummus Seite 14
2 Gefüllte Zwiebeln Seite 122
3 Chia-Pudding mit Himbeeren Seite 212

Großer Genuss ohne tierische Produkte!

Hummus schon am Vortag zubereiten und zugedeckt im Kühlschrank aufbewahren. Servieren Sie die Kichererbsenpaste mit rohen Gemüsestiften (Möhren, Fenchel, Selleriestangen, ...) und frischem Brot. So wird aus dem Dip eine komplette Vorspeise. Auch den Chia-Pudding am besten schon am Tag vorher machen. Er ist im Handumdrehen fertig, braucht aber mindestens 4 Std. zum Quellen.

TIPP Zu diesem Menü passt ein leichter Weißwein oder ein Rosé, beispielsweise ein Côte de Provence. Stellen Sie grundsätzlich auch eine Karaffe mit Wasser oder Mineralwasser mit auf den Tisch.

2

Fisch und Meeresfrüchte-Menü

1 Makrelen-Rillettes Seite 32
2 Algen-Tatar Seite 24
3 Spaghetti mit Venusmuscheln Seite 156
4 Zitronen-Tarte Seite 200

Alles, was das Meer zu bieten hat!

Die Makrelen-Rillettes und das Algen-Tatar lassen sich sehr gut am Vortag zubereiten, so haben beide Gerichte genügend Zeit zum Durchziehen. Geröstetes Landbrot dazu reichen. Für die Spaghetti mit Venusmuscheln nach Belieben Knoblauch, Petersilie und Chilischote vorbereiten, Muscheln und Spaghetti dann frisch zubereiten.

Die Zitronen-Tarte im Voraus backen, gut abkühlen lassen und dann im Kühlschrank ruhen lassen.

TIPP Zu diesem Menü passt ein trockener Weißwein, z. B. Riesling.

3

Brunch

1 Rotkohlsalat mit Äpfeln Seite 50
2 Graved Lachs Seite 152
3 Kalte Joghurt-Suppe mit Gurke Seite 34
4 Rührei mit Käse Seite 44
5 Panna cotta mit Erdbeeren Seite 186

Zum gemütlichen Schlemmen am Wochenende

Für diesen Brunch lässt sich alles bequem im Voraus anfertigen. Dabei nicht vergessen, dass die Beize des Graved Lachs 3 Tage dauert! Nur das Rührei im letzten Moment zubereiten und warm servieren. Die erfrischende Gurken-Joghurt-Suppe passt besonders gut im Sommer zu den übrigen Gerichten.

TIPP Zum Brunch unbedingt verschiedene Brotsorten reichen: Schwarzbrot oder Pumpernickel, Landbrot, Baguette oder was Sie gern mögen.

4

Fest-Menü

1 Orientalischer Orangen-Möhren-Salat Seite 138

2 Garnelen asiatisch Seite 158

3 Geschmortes Kaninchen Seite 172

4 Pavlova mit Beeren Seite 196

Feines für die großen Anlässe

Bei diesem recht üppigen Menü die Zutaten des Garnelen-Rezeptes eventuell auf die Hälfte reduzieren und die Garnelen dann als zweite Vorspeise servieren. Das Kaninchen können Sie problemlos im Voraus zubereiten und im letzten Moment aufwärmen. Den Baiser können Sie schon Tage oder Wochen vorher backen, z. B. wenn mal bei einem anderen Gericht 4 Eiweiß übrig geblieben sind. Der Baiser lässt sich sehr gut einfrieren, so haben Sie die Basis der Pavlova immer bereit.

TIPP Zum Auftakt einen Aperitif reichen, z. B. einen Kir Royal. Zu den Garnelen passt gut ein aromatischer Weißwein, z. B. ein Jurançon oder ein Riesling/Spätlese, zum Kaninchen ein Grauburgunder oder ein Chardonnay.

5

Picknick

1 Linsensalat Seite 10
2 Hackfleisch-Leber-Terrine Seite 146
3 Lauch-Pie Seite 114
4 Käsekuchen mit Ricotta Seite 202

Für einen herzhaften Schmaus im Grünen

Wichtig beim Picknick ist die praktische Seite: Die Gerichte müssen transportfähig sein und kalt gegessen werden können. Der Lauch-Pie darf gern noch lauwarm sein, am besten direkt aus dem Ofen mitnehmen!

TIPP Zum Käsekuchen passt wunderbar ein Himbeer-Coulis. Dazu 300 g TK-Himbeeren mit 2–3 EL Puderzucker pürieren und nach Wunsch noch durch ein Sieb streichen.

5

Basics

Es lohnt sich, Brühen, Tomatensauce oder Currypaste selbst herzustellen, auch wenn das etwas Zeit kostet. Um sich die Arbeit zu vereinfachen, am besten jeweils eine größere Menge zubereiten und portionsweise einfrieren.

1

Fleischbrühe

Eine hausgemachte Fleischbrühe schmeckt natürlich aromatisch und würzig – kein Vergleich zur Instant-Brühe! Pulver und Würfel enthalten sehr häufig chemische Geschmacksverstärker.

Zutaten
500 g Suppenfleisch
200 g Fleischknochen
300 g Wurzelgemüse (Knollensellerie, Möhre, Petersilienwurzel)
1 Stange Lauch
1 Zwiebel
2 Knoblauchzehen
6 Pfefferkörner
2 Zweige Thymian
1 Lorbeerblatt
2 Nelken
1 EL grobes Meersalz

Für ca. 2 l
Zubereitungszeit: 20 Min.
Garzeit: 4 Std.

Fleisch und Knochen in einen Topf geben. 3 l kaltes Wasser angießen und aufkochen. Den Schaum abschöpfen, bis sich kein neuer Schaum mehr bildet.

Inzwischen das Wurzelgemüse und den Lauch putzen, waschen bzw. schälen und grob zerkleinern. Zwiebel und Knoblauch schälen. Die Zwiebel halbieren und mit der aufgeschnittenen Seite nach unten in einer kleinen Pfanne bei großer Hitze ohne Fettzugabe anrösten.

Die Zwiebelhälften mit dem Suppengemüse zum Fleisch geben. Die Pfefferkörner grob zerstoßen, den Thymian waschen und beides mit der geschälten Knoblauchzehe, dem Lorbeerblatt und den Nelken in den Topf geben.

Alles mit halb aufgelegtem Deckel 3–4 Std. bei kleiner Hitze köcheln lassen und erst gegen Ende der Garzeit salzen.

Die Fleischbrühe durch ein Sieb abseihen und erkalten lassen. Dann die Fettschicht abheben.

TIPP Für einen besonders intensiven Fleischfond die entfettete Brühe bei starker Hitze nach Belieben einkochen lassen.

2

Fischfond

Hier lassen sich Fischabfälle aufs Feinste verwerten. Bei Ihrem Händler bekommen Sie sie sogar meistens umsonst. Der Fischfond ist eine würzige Basis für Suppen, Saucen und Eintöpfe. Einkochen macht ihn noch aromatischer.

Zutaten
1 Zwiebel
1 Möhre
1 Stange Lauch
1 Stange Staudensellerie
1 kg Fischköpfe und Gräten von mageremSeefisch (Kabeljau, Meeräsche, Schellfisch)
3 Zweige Thymian
1 Lorbeerblatt
1 EL grobes Meersalz
6 Pfefferkörner

Für ca. 2,5 l
Zubereitungszeit: 20 Min.
Garzeit: 30 Min.

Die Zwiebel schälen. Möhre, Lauch- und Selleriestange putzen und waschen bzw. schälen. Alles in Scheiben bzw. Ringe schneiden.

Die Fischköpfe und Gräten abbrausen und mit dem zerkleinerten Gemüse in einen großen Topf geben.

Thymian waschen und mit Lorbeer, Salz und Pfefferkörnern hinzufügen. Ca. 3 l Wasser angießen und aufkochen. Alles offen ca. 30 Min. bei mittlerer Hitze köcheln lassen, dann den Fond durch ein feinmaschiges Sieb abseihen und dabei die Fischreste mit einem Holzlöffel ausdrücken. Nach Wunsch den Fond noch etwas einkochen lassen.

TIPP Das Sieb mit einem Mulltuch auslegen. So filtern Sie garantiert alle Trübstoffe heraus.

3

Gemüse-brühe

Je nach Geschmack und Vorratskammer können Sie die Brühe auch mit Fenchelknolle, Pastinake, Staudensellerie und/oder Tomate, verschiedenen Küchenkräutern und Gewürzen zubereiten. Nicht mehr ganz frisches Gemüse und Schalen und Abschnitte von Bio-Gemüse sind hier ebenfalls willkommen.

Zutaten
2 Zwiebeln
1 kleine Knoblauchzehe
2 große Möhren
1 Stange Lauch
1 Stück Knollensellerie (ca. 200 g)
1 große Petersilienwurzel
2 EL Öl
5 Stängel Petersilie
3 Zweige Thymian
1 Lorbeerblatt
5 Pfefferkörner
1 Nelke
Salz

Für ca. 2 l
Zubereitungszeit: 20 Min.
Garzeit: 1 Std.

Die Zwiebeln schälen und vierteln. Die Knoblauchzehe schälen und zerdrücken. Möhren, Lauch, Knollensellerie und Petersilienwurzel putzen und waschen bzw. schälen und grob würfeln.

Das Öl in einem großen Topf erhitzen. Die Zwiebelviertel darin bei mittlerer Hitze leicht anrösten. Gemüsewürfel und Knoblauch dazugeben und ca. 5 Min. bei kleinerer Hitze mitdünsten. Ca. 2,5 l Wasser angießen und aufkochen. Petersilie und Thymian waschen und mit Lorbeer, Pfefferkörnern und Nelke hinzufügen. Alles halb bedeckt ca. 1 Std. bei kleiner Hitze köcheln lassen. Die Brühe durch ein feinmaschiges Sieb abseihen und mit Salz abschmecken.

TIPP Das Anbraten gibt der Brühe kräftigeren Geschmack, kann aber auch weggelassen werden.

4

Tomatensauce

Selbst gemachte Tomatensauce stellt jedes Fertigprodukt in den Schatten. Wie bei den Brühen lohnt es auch hier, gleich eine größere Menge zu kochen, Tomatensauce dann portionsweise einfrieren. Im Hochsommer die Sauce mit vollreifen frischen Tomaten zubereiten. Außerhalb der Saison verwenden Sie besser Dosentomaten.

Zutaten
800 g vollreife Tomaten (ersatzweise 800 g Dosentomaten)
1 Zwiebel
2 Knoblauchzehen
1 kleine Möhre
1 Stange Staudensellerie
6 Stängel Petersilie
3 Zweige Thymian
1 Lorbeerblatt
2 EL Olivenöl
Salz
Pfeffer
1 Prise Zucker

Für ca. 4 Portionen
Zubereitungszeit: 20 Min.
Garzeit: 1 Std. 40 Min.

Die Tomaten überbrühen, häuten, entkernen und ohne die Stielansätze grob hacken. Zwiebel und Knoblauch schälen und fein hacken. Möhre schälen und klein würfeln. Sellerie putzen, waschen und in Scheibchen schneiden.

Die Petersilie und die Thymianzweige waschen und mit dem Lorbeerblatt zusammenbinden.

Das Olivenöl in einem Schmortopf erhitzen. Zwiebel, Knoblauch, Möhrenwürfel und Sellerie darin ca. 10 Min. bei kleiner Hitze andünsten. Dann die Tomaten und Kräuter mit Salz, Pfeffer und Zucker sowie ca. 300 ml Wasser dazugeben (bei Dosentomaten nur 150 ml), sodass alles gut bedeckt ist. Alles mit halb aufgelegtem Deckel ca. 1 Std. 30 Min. bei kleiner Hitze köcheln lassen, dabei ab und zu umrühren.

Am Ende der Garzeit die Hitze eventuell etwas erhöhen, um die Sauce offen auf die gewünschte Konsistenz einzukochen. Kräuterbund aus der Sauce fischen. Die Sauce nach Wunsch noch durch ein Sieb streichen und abschmecken.

TIPP Vor dem Servieren können Sie die Tomatensauce noch mit 2 EL frisch gehackten Kräutern (z. B. Petersilie, Basilikum oder Koriandergrün) verfeinern.

5

Currypaste

Currypasten gibt es in verschiedenen Varianten zu kaufen, hier das Rezept für eine indische, die zu zahlreichen asiatischen Gerichten passt. Sie besteht typischerweise aus einer Vielzahl an Gewürzen, die zuerst angeröstet werden. Chili kann nach Belieben hinzugefügt oder weggelassen werden.

Zutaten
1 rote getrocknete Chilischote
5 grüne Kardamomkapseln
2 Nelken
½ TL Bockshornkleesamen
1 TL schwarze Senfkörner
1 TL Korianderkörner
1 TL schwarze Pfefferkörner
1 TL Kreuzkümmelsamen
1 Zwiebel
3 Knoblauchzehen
1 Stück Ingwer (ca. 2 cm lang)
2 TL gemahlene Kurkuma
1 TL Zimtpulver
Salz
50 ml Öl

Für ca. 80 ml
Zubereitungszeit: 25 Min.

Die Chilischote halbieren, Kerne und Scheidewände entfernen. Die Chilihälften ca. 15 Min. in kochendem Wasser aufweichen lassen, dann grob hacken.

Die Kardamomkapseln öffnen, die Körner entnehmen und mit Nelken, Bockshornkleesamen, Senfkörnern, Korianderkörnern, Pfefferkörnern und Kreuzkümmelsamen in eine kleine Pfanne geben. Gewürze bei kleiner Hitze so lange rösten, bis sie duften, dabei umrühren.

Anschließend die gerösteten Gewürze im Mörser grob zerstoßen, dann in einen Standmixer geben.

Zwiebel und Knoblauch schälen und hacken. Ingwer schälen und fein reiben. Zwiebel, Knoblauch und Ingwer mit Chili, Kurkuma, Zimtpulver, ½ TL Salz und dem Öl zu den gerösteten Gewürzen geben und alles zusammen zu einer groben Currypaste pürieren.

TIPP Die Currypaste hält sich ca. 1 Woche im Kühlschrank.

Register

Damit Sie Ihr Wunschrezept schnell finden können, sind in diesem Register auch beliebte Zutaten wie Äpfel oder **Auberginen** alphabetisch eingeordnet und hervorgehoben. Darunter oder daneben finden Sie dann das Rezept Ihrer Wahl.

A

Algen
- Algen-Tatar 24
- Meeres-Spaghetti mit Tomaten 134

Äpfel
- Bratäpfel 198
- Gefüllte Ente 174
- Himmel und Erde 94
- Kartoffelpuffer mit Kompott und Lachs 64
- Pfannkuchen mit Apfelmus 214
- Rotkohlsalat mit Äpfeln 50
- Tarte Tatin 184

Aprikosen, gefüllte 192
Arabische Erbsensuppe 142
Arme Ritter 188

Auberginen
- Auberginengratin 108
- Auberginenkaviar 16
- Gemüse-Wok mit Auberginen 124

B

Basilikum
- Marinierte Paprika mit Sardellen 18
- Mediterraner Tomaten-Bohnen-Salat 12
- Polenta-Gratin mit Tomatensauce 130
- Tagliatelle mit Basilikum-Pesto 66
- Tomaten-Tarte 112
- Zucchini-Crumble 120

Beeren
- Chia-Pudding mit Himbeeren 212
- Panna cotta mit Erdbeeren 186
- Pavlova mit Beeren 196

Birnen, Bohnen und Speck 60
Blumenkohlcreme mit Sternanis 140
Blutwurst: Himmel und Erde 94

Bohnen
- Birnen, Bohnen und Speck 60
- Mediterraner Tomaten-Bohnen-Salat 12

Bratäpfel 198
Brathering sauer 82

Brot
- Arme Ritter 188
- Ziegenkäse-Crostini mit Feigen 26
- Zwiebelsuppe 56

Bulgur: Gefüllte Zwiebeln 122
Burger, schneller 90

C

Ceviche 46
Chia-Pudding mit Himbeeren 212
Chicorée mit Roquefort 20
Comté: Rührei mit Käse 44
Couscous: Gefüllte Ente 174

Crème fraîche
- Blumenkohlcreme mit Sternanis 140
- Linguine mit Speck und Schnittlauch 70
- Miesmuscheln à la Crème 162
- Quiche Lorraine 148
- Rührei mit Käse 44
- Tarte Tatin 184

Crumble mit Rhabarber 182
Crumble mit Zucchini 120

Currypaste (Grundrezept) 233
- Currysuppe mit gebratenem Tempeh 104
- Garnelen asiatisch 158
- Lamm-Curry 178

D

Dattel-Lamm-Tajine 170

Dill
- Graved Lachs 152
- Kalte Joghurt-Suppe mit Gurke 34
- Linsensalat 10
- Makrelen-Rillettes 32
- Seehecht–Eintopf 78

Dosentomaten
- Polenta-Gratin mit Tomatensauce 130
- Spaghetti mit Blitzbolognese 68
- Tomatensauce (Grundrezept) 233

E

Eier
- Arme Ritter 188
- Eier aus dem Ofen 116
- Gefüllte Eier 40
- Gefüllte Ofentomaten 58
- Grünkern-Bratlinge mit Pilzen und Möhren 128

Hackfleisch-Leber-Terrine 146
Kartoffelpuffer mit Kompott und Lachs 64
Käsekuchen mit Ricotta 202
Käse-Soufflé 144
Mousse au Chocolat 204
Pfannkuchen mit Apfelmus 214
Pilz-Omelett 38
Quiche Lorraine 148
Rührei mit Käse 44
Schoko-Törtchen 194
Spinat-Eier-Kuchen 42
Wiener Schnitzel 86
Zitronen-Tarte 200
Eigelb: Lauch-Pie 114
Eis aus Sojacreme mit Ingwer und Sesam 210
Eiweiß
Käse-Soufflé 144
Pavlova mit Beeren 196
Ente, gefüllte 174
Erbsensuppe, arabische 142

F

Feigen
Feigen-Gratin 190
Ziegenkäse-Crostini mit Feigen 26
Fisch
Brathering sauer 82
Ceviche 46
Gebackener Steinbutt 168
Gefüllte Sardinen 160
Graved Lachs 152
Kabeljau im Gemüsebett 74
Kartoffelpuffer mit Kompott und Lachs 64
Lachs in Sauerampfersauce 166
Linsensalat 10
Makrele in Weißwein 76
Makrelen-Rillettes 32
Mandelforellen 72
Scholle mit Speckkartoffeln 80
Seehecht–Eintopf 78
Stockfisch-Püree 30
Thunfisch-Tatar 154
Fischfond (Grundrezept) 232
Fleischbrühe (Grundrezept) 231
Forelle: Mandelforellen 72
Frühlingszwiebeln
Gefüllte Eier 40
Grünkern-Bratlinge mit Pilzen und Möhren 128
Mediterraner Tomaten-Bohnen-Salat 12
Quinoa-Salat mit Räuchertofu 106
Rote Linsensuppe mit Kokosmilch 102
Spaghetti mit Blitzbolognese 68

G

Garnelen asiatisch 158
Gebackener Steinbutt 168
Gefüllte Aprikosen 192
Gefüllte Eier 40
Gefüllte Ente 174
Gefüllte Ofentomaten 58
Gefüllte Sardinen 160
Gefüllte Zwiebeln 122
Gegrillte Rippchen 84
Gemüsebrühe (Grundrezept) 232
Gemüse-Wok mit Auberginen 124
Geschmortes Kaninchen 172
Geschnetzeltes von der Pute 88
Gnocchi, grüne, mit Roquefortsahne 132
Graved Lachs 152
Grüne Gnocchi mit Roquefortsahne 132
Grünkern-Bratlinge mit Pilzen und Möhren 128
Gruyère: Zwiebelsuppe 56

H

Hackfleisch
Gefüllte Ofentomaten 58
Hackfleisch-Leber-Terrine 146
Schneller Burger 90
Spaghetti mit Blitzbolognese 68
Hähnchen: Zitronen-Hähnchen 176
Haselnüsse
Algen-Tatar 24
Mousse au Chocolat 204
Hering: Brathering sauer 82
Himmel und Erde 94
Hummus 14

J

Jakobsmuscheln aus dem Papier 164
Joghurt-Suppe mit Gurke 34

K

Kabeljau
Ceviche 46
Kabeljau im Gemüsebett 74
Kalbfleisch: Wiener Schnitzel 86
Kalte Joghurt-Suppe mit Gurke 34

Kaninchen, geschmortes 172
Kapern
Eier aus dem Ofen 116
Meeres-Spaghetti mit Tomaten 134
Tapenade 28
Kartoffeln
Grüne Gnocchi mit Roquefortsahne 132
Himmel und Erde 94
Kartoffelpuffer mit Kompott und Lachs 64
Kartoffelsuppe 54
Radieschenblätter-Suppe 36
Scholle mit Speckkartoffeln 80
Spargel mit Schinken und Pellkartoffeln 62
Käsekuchen mit Ricotta 202
Käse-Soufflé 144
Kerbel: Blumenkohlcreme mit Sternanis 140
Kichererbsen: Hummus 14
Kohlrabi: Kabeljau im Gemüsebett 74
Kokosmilch
Currysuppe mit gebratenem Tempeh 104
Garnelen asiatisch 158
Lamm-Curry 178
Rote Linsensuppe mit Kokosmilch 102
Koriandergrün
Auberginenkaviar 16
Ceviche 46
Gefüllte Ofentomaten 58
Jakobsmuscheln aus dem Papier 164
Lamm-Curry 178
Orientalischer Orangen-Möhren-Salat 138
Kürbissuppe mit geröstetem Speck 52

L

Lachs
Graved Lachs 152
Kartoffelpuffer mit Kompott und Lachs 64
Lachs in Sauerampfersauce 166
Lammfleisch
Dattel-Lamm-Tajine 170
Lamm-Curry 178
Lauch
Fischfond (Grundrezept) 232
Fleischbrühe (Grundrezept) 231
Gemüsebrühe (Grundrezept) 232
Jakobsmuscheln aus dem Papier 164
Lauch-Pie 114
Leber: Hackfleisch-Leber-Terrine 146
Linguine mit Speck und Schnittlauch 70
Linsen
Linsen mit geräucherten Würstchen 92
Linsen mit Räuchertofu 126
Linsensalat 10
Rote Linsensuppe mit Kokosmilch 102

M

Makrele
Linsensalat 10
Makrele in Weißwein 76
Makrelen-Rillettes 32
Mandeln
Bratäpfel 198
Dattel-Lamm-Tajine 170
Mandelforellen 72
Mandel–Pudding 208
Marinierte Paprika mit Sardellen 18
Mediterraner Tomaten-Bohnen-Salat 12
Meeres-Spaghetti mit Tomaten 134
Mettwurst: Linsen mit geräucherten Würstchen 92
Miesmuscheln à la Crème 162
Milchreis aus dem Ofen 216
Minze: Tomatensuppe mit Minze 100
Miso-Paste: Linsen mit Räuchertofu 126
Möhren
Fischfond (Grundrezept) 232
Fleischbrühe (Grundrezept) 231
Gemüsebrühe (Grundrezept) 232
Gemüse-Wok mit Auberginen 124
Grünkern-Bratlinge mit Pilzen und Möhren 128
Kabeljau im Gemüsebett 74
Linsen mit geräucherten Würstchen 92
Linsen mit Räuchertofu 126
Orientalischer Orangen-Möhren-Salat 138
Tomatensauce (Grundrezept) 233
Mousse au Chocolat 204
Mozzarella: Auberginengratin 108
Muscheln
Jakobsmuscheln aus dem Papier 164
Miesmuscheln à la Crème 162
Spaghetti mit Venusmuscheln 156

N

Nudeln
Linguine mit Speck und Schnittlauch 70
Spaghetti mit Blitzbolognese 68
Spaghetti mit Venusmuscheln 156
Tagliatelle mit Basilikum-Pesto 66

O

Oliven: Tapenade 28
Omelett mit Pilzen 38
Orientalischer Orangen-Möhren-Salat 138

P

Panna cotta mit Erdbeeren 186
Paprika: Marinierte Paprika mit Sardellen 18
Parmesan
Auberginengratin 108
Pilz-Carpaccio 22
Polenta-Gratin mit Tomatensauce 130
Portobello-Pilze mit Polenta 110
Spaghetti mit Blitzbolognese 68
Tagliatelle mit Basilikum-Pesto 66
Pasta s. Nudeln
Pavlova mit Beeren 196
Petersilie
Birnen, Bohnen und Speck 60
Kartoffelsuppe 54
Linsen mit geräucherten Würstchen 92
Meeres-Spaghetti mit Tomaten 134
Miesmuscheln à la Crème 162
Pilz-Carpaccio 22
Portobello-Pilze mit Polenta 110
Spaghetti mit Venusmuscheln 156
Tomatensauce (Grundrezept) 233
Pfannkuchen mit Apfelmus 214
Pie mit Lauch 114
Pilze
Gemüse-Wok mit Auberginen 124
Grünkern-Bratlinge mit Pilzen und Möhren 128
Pilz-Carpaccio 22
Pilz-Omelett 38
Portobello-Pilze mit Polenta 110
Puten-Geschnetzeltes 88
Pinienkerne
Feigen-Gratin 190
Gefüllte Zwiebeln 122
Provenzalische Spinat-Tarte 150
Pistazien
Gefüllte Aprikosen 192
Mandel-Pudding 208
Polenta
Polenta-Gratin mit Tomatensauce 130
Portobello-Pilze mit Polenta 110
Provenzalische Spinat-Tarte 150
Puten-Geschnetzeltes 88

Q

Quiche Lorraine 148
Quinoa-Salat mit Räuchertofu 106

R

Radieschenblätter-Suppe 36
Reis: Milchreis aus dem Ofen 216
Rhabarber-Crumble 182
Ricotta: Käsekuchen mit Ricotta 202
Rindfleisch
Fleischbrühe (Grundrezept) 231
Gefüllte Ofentomaten 58
Rindsragout 96
Schneller Burger 90
Spaghetti mit Blitzbolognese 68
Rindsragout 96
Rippchen, gegrillte 84
Roquefort
Chicorée mit Roquefort 20
Grüne Gnocchi mit Roquefortsahne 132
Käse-Soufflé 144
Rosinen
Gefüllte Sardinen 160
Provenzalische Spinat-Tarte 150
Rotkohlsalat mit Äpfeln 50
Rosmarin
Feigen-Gratin 190
Geschmortes Kaninchen 172
Zitronen-Hähnchen 176
Rote Linsensuppe mit Kokosmilch 102
Rotkohlsalat mit Äpfeln 50
Rucola: Ziegenkäse-Crostini mit Feigen 26
Rührei mit Käse 44

S

Sahne
Gebackener Steinbutt 168
Grüne Gnocchi mit Roquefortsahne 132
Kürbissuppe mit geröstetem Speck 52
Lachs in Sauerampfersauce 166
Lauch-Pie 114
Mousse au Chocolat 204
Panna cotta mit Erdbeeren 186
Pavlova mit Beeren 196
Puten-Geschnetzeltes 88
Rhabarber-Crumble 182
Schoko-Creme im Glas 206
Salatgurke: Kalte Joghurt-Suppe mit Gurke 34

Salbei: Hackfleisch-Leber-Terrine 146
Sardellen
Marinierte Paprika mit Sardellen 18
Tapenade 28
Sardinen, gefüllte 160
Sauerampfer: Lachs in Sauerampfersauce 166
Saure Sahne
Radieschenblätter-Suppe 36
Seehecht–Eintopf 78
Schafskäse: Tomaten-Tarte 112
Schinken: Spargel mit Schinken und Pellkartoffeln 62
Schneller Burger 90
Schnittlauch
Chicorée mit Roquefort 20
Linguine mit Speck und Schnittlauch 70
Pilz-Omelett 38
Radieschenblätter-Suppe 36
Rührei mit Käse 44
Schokolade
Mousse au Chocolat 204
Schoko-Creme im Glas 206
Schoko-Törtchen 194
Scholle mit Speckkartoffeln 80
Schweinefleisch (s. auch Speck)
Gefüllte Ofentomaten 58
Gegrillte Rippchen 84
Hackfleisch-Leber-Terrine 146
Seehecht–Eintopf 78
Sojacreme-Eis mit Ingwer und Sesam 210
Spaghetti mit Blitzbolognese 68
Spaghetti mit Venusmuscheln 156
Spargel mit Schinken und Pellkartoffeln 62
Speck
Birnen, Bohnen und Speck 60
Kürbissuppe mit geröstetem Speck 52
Linguine mit Speck und Schnittlauch 70
Miesmuscheln à la Crème 162
Quiche Lorraine 148
Scholle mit Speckkartoffeln 80
Spinat
Gefüllte Sardinen 160
Grüne Gnocchi mit Roquefortsahne 132
Provenzalische Spinat-Tarte 150
Spinat-Eier-Kuchen 42
Steinbutt, gebackener 168
Stockfisch-Püree 30

T

Tagliatelle mit Basilikum-Pesto 66
Tajine mit Datteln und Lamm 170
Tapenade 28
Tarte mit Tomaten 112
Tarte mit Zitronen 200
Tarte Tatin 184
Tarte, provenzalische, mit Spinat 150
Tempeh: Currysuppe mit gebratenem Tempeh 104
Thunfisch-Tatar 154
Thymian
Fischfond (Grundrezept) 232
Gemüsebrühe (Grundrezept) 232
Tomatensauce (Grundrezept) 233
Tofu
Gefüllte Zwiebeln 122
Linsen mit Räuchertofu 126
Quinoa-Salat mit Räuchertofu 106
Tofu Teriyaki 118
Tomaten (s. auch Dosentomaten)
Eier aus dem Ofen 116
Gefüllte Ofentomaten 58
Mediterraner Tomaten-Bohnen-Salat 12
Meeres-Spaghetti mit Tomaten 134
Tomatensauce (Grundrezept) 233
Tomatensuppe mit Minze 100
Tomaten-Tarte 112

W

Walnüsse
Chicorée mit Roquefort 20
Gefüllte Ente 174
Wiener Schnitzel 86
Wok mit Auberginen 124

Z

Ziegenkäse
Ziegenkäse-Crostini mit Feigen 26
Zucchini-Crumble 120
Zitronen-Hähnchen 176
Zitronen-Tarte 200
Zucchini-Crumble 120
Zwiebeln, gefüllte 122
Zwiebelsuppe 56

Appetit auf mehr?

ISBN 978-3-8338-5890-1

ISBN 978-3-8338-5720-1

ISBN 978-3-8338-5889-5

ISBN 978-3-8338-4660-1

ISBN 978-3-8338-5998-4

ISBN 978-3-8338-5105-6

e Auch als eBook erhältlich.

G|U

Willkommen im Leben.

Mehr von GU auf **www.gu.de** und
facebook.com/gu.verlag

Impressum

Projektleitung: Sabine Sälzer
Lektorat: Susanne Bodensteiner
Korrektorat: Petra Bachmann
Innengestaltung: Anzinger & Rasp Kommunikation GmbH, München
Umschlaggestaltung:
kral&kral design, München
Herstellung: Susanne Mühldorfer
Satz: Longo AG, Bozen
Reproduktion: Longo AG, Bozen
Druck: aprinta, Wemding
Bindung: Conzella, Pfarrkirchen
Printed in Germany

Syndication:
www.seasons.agency
Ein Unternehmensbereich der StockFood GmbH,
Tumblingerstr. 32,
80337 München,
Tel: 089-7472020

1. Auflage 2017

ISBN 978-3-8338-6158-1

Die Autorin

Ulrike Skadow hat sich nach einem Literatur-Studium an der Pariser Sorbonne der Gastronomie gewidmet. Sie ist seit nunmehr 25 Jahren in Paris als Food-Stylistin und Kochbuchautorin tätig.
Eine malerische Kindheit auf dem Land, der große Obst- und Gemüsegarten ihrer Eltern sowie unzählige kulinarische Erinnerungen aus dieser Zeit haben die Themen ihrer (dt. und frz.) Kochbücher bestimmt.

Der Fotograf

Nicolas Leser ist Food-Fotograf mit Leib und Seele. Als begeisterter Gourmet – stets auf der Suche nach neuen kulinarischen Entdeckungen – gilt sein Interesse seit langem der Ernährung und den Anbaumethoden verschiedenster Kulturkreise. Er ist Co-Autor des ersten Buches über Bio-Anbau und -Tierhaltung in Frankreich. In 25-jähriger Teamarbeit mit Ulrike Skadow haben die beiden etwa 60 Kochbücher illustriert und zwölf eigene Rezeptbücher veröffentlicht.

Danksagung

Ein herzliches Dankeschön vom Fototeam an die Keramikerin Ulrike Weiss. Ihre wunderschönen Teller und Schalen beleben viele Fotos dieses Buches. Atelier: 12, Passage des Taillandiers 75011 Paris
Website: www.ulrike-weiss.com

Bildnachweis

Alle Fotos: Nicolas Leser

Umwelthinweis:
Dieses Buch ist auf PEFC-zertifiziertem Papier aus nachhaltiger Waldwirtschaft gedruckt.

Backofenhinweis:
Die Backzeiten können je nach Herd variieren. Die Temperaturangaben in unseren Rezepten beziehen sich auf das Backen im Elektroherd mit Ober- und Unterhitze und können bei Gasherden oder Backen mit Umluft abweichen.
Details entnehmen Sie bitte Ihrer Gebrauchsanweisung.

QUALITÄTS G|U GARANTIE

DIE GU-QUALITÄTS-GARANTIE

Wir möchten Ihnen mit den Informationen und Anregungen in diesem Buch das Leben erleichtern und Sie inspirieren, Neues auszuprobieren. Alle Informationen werden von unseren Autoren gewissenhaft erstellt und von unseren Redakteuren sorgfältig ausgewählt und mehrfach geprüft. Deshalb bieten wir Ihnen eine 100%ige Qualitätsgarantie. Sollten wir mit diesem Buch Ihre Erwartungen nicht erfüllen, lassen Sie es uns bitte wissen! Wir tauschen Ihr Buch jederzeit gegen ein gleichwertiges zum gleichen oder ähnlichen Thema um. Wir freuen uns auf Ihre Rückmeldung, auf Lob, Kritik und Anregungen, damit wir für Sie immer besser werden können.

GRÄFE UND UNZER Verlag
Leserservice
Postfach 86 03 13
81630 München
E-Mail:
leserservice@graefe-und-unzer.de

Telefon: 00800 / 72 37 33 33*
Telefax: 00800 / 50 12 05 44*
Mo–Do: 9.00 – 17.00 Uhr
Fr: 9.00 – 16.00 Uhr
(gebührenfrei in D, A, CH)*

Ihr GRÄFE UND UNZER Verlag
Der erste Ratgeberverlag – seit 1722.

KV

www.facebook.com/gu.verlag

GRÄFE UND UNZER

Ein Unternehmen der
GANSKE VERLAGSGRUPPE